人事官手记

跳槽

是个技术活

张晓彤◎著

北京理工大学出版社
BEIJING INSTITUTE OF TECHNOLOGY PRESS

图书在版编目（CIP）数据

跳槽是个技术活 / 张晓彤著.—北京：北京理工大学出版社，2010.8
ISBN 978-7-5640-3352-1

Ⅰ.①跳… Ⅱ.①张… Ⅲ.①职业选择–通俗读物 Ⅳ.①C913.2-49

中国版本图书馆CIP数据核字（2010）第127504号

出版发行 / 北京理工大学出版社
社　　址 / 北京市海淀区中关村南大街5号
邮　　编 / 100081
电　　话 / (010) 68914775（总编室）　68944990（批销中心）
　　　　　68911084（读者服务部）
网　　址 / http://www.bitpress.com.cn
经　　销 / 全国各地新华书店
印　　刷 / 三河市汇鑫印务有限公司
开　　本 / 640毫米×960毫米　1/16
印　　张 / 15
字　　数 / 90千字
版　　次 / 2010年8月第1版　2010年8月第1次印刷　　　责任校对 / 张沁萍
定　　价 / 28.00元　　　　　　　　　　　　　　　　　责任印制 / 母长新

序　言

在职场上拼搏多年，一直希望得到一本指南，可以告诉我如何成为一名优秀的职业人。然而，翻看成功者传记和大量励志书籍，多是写那些极端的人物。他们的成功当然靠他们的努力，但也有着极浓的个性色彩。

回顾二十多年的职业生涯，真正成为打工皇帝或是女皇的，身边并不多见，听说的也是寥寥。在金字塔尖的他们，追述着成功路上的艰辛挫折、机遇知遇，却总是少不了一个超乎寻常的成功结果。

可是，真正成就金字塔的，不是顶尖上的几块显眼的石头，而是塔基里千千万万堆叠起来的石子，它们甚至连露头露脸的机会都不曾有过。

在职场之上，真正一路走向成功、头顶光环的人永远是少数，更多的是在一线奋战得体无完肤的小兵，或一路拼搏挣扎到小小管理职位的普通打工者。而我，正是这当中的一员，也深知这些人的需求与期待。

总有人说“不想当将军的士兵不是好士兵”，可将军永远只有那么几个。大多数人虽然想当将军，可终其一生也只是个兵，或者努力得到一个小小的官衔。

我以为，“不想当将军的士兵不是好士兵”说得不错，在想过之后要做的，却是先当好一个兵。万千战士们需要的不是如何当好将军的指南，而是需要如何当好一个兵的启示、指导和借鉴。如此思索过后，我顿然醒悟，我需要的不是一本成功者指南，而是如何当好一个兵的小册子。天天沉浸在怎么才能当将军的思索之中，人就会看不到脚下的路径，就会做许多不切实际的事情。不能够重视当下的人，又岂会有美好的明天呢？没有脚踏实地做后盾，仰望星空的结果就会是失去自我，空想明天。

回顾走过的职业道路，作为一名老兵，我写下如何成为一名好兵的经历给新兵。我把多年来职场上方方面面形形色色的际遇，真实地讲述出来，串联起一个又一个鲜活的故事。每写一个故事我就仿佛又重新看到了当时的人和事，一切如同发生在昨天。

我的愿望是，让每一位读到这些故事的人，有种遇到身边事的熟悉感，有种正是我所遇的相知感。我希望在故事中，读者可以找到自己目前职场上正在遭遇的问题，寻到自己踏入瓶颈的症结，走出自己从一个兵到一个管理者的羁绊，迈向成为一名好兵的阶段性高峰。

曾经在《北京青年报》上登过几篇类似的故事，收获了许多职场伙伴的关注。我更加相信，想如何做好一个兵的人，是职场上的大多数，而我能够写成这本职场故事集，也正是受到这些朋友的激励。

任何一次攀登，都是从山脚开始的；任何一位将军，都是从士兵起程的。写一本小小的故事集，想留给大家一些思索，也想通过这些故事让大家获得一些启示。如果，故事中有一则让你感动，我必是更加感动；如果，故事中有一语让你醒悟，我必是无限欣慰；如果，故事中有一字给你收获，我必是收获无限。

我依然奋战在职场之上，在一个又一个小成功中体会着职业人的乐趣。我依然不是将军，只能算是一名出色的好兵，并且继续完善着我的好兵生涯。我希望所有职场上的新人，或是半新不旧的人，先做好一个兵，再努力冲上金字塔的顶尖！如果到了那一天，你能够在心里说：我曾读过一本小小的故事集，给了我一些帮助。我将感到无限幸福。

张晓彤

目　录

CONTENTS

初涉江湖

职场如江湖，入场无悔，江湖之内没有谁教谁，只有自己打拼出一片天地。若以学校里十余年的经验来尝试，受气了找老师告状，不痛快了找老爸转学，是要一沉到底永不翻身的。

在江湖之内，水性是自修的，姿势是自创的，学习是看别人的。此处的实习是有活就干，有事就上，有能力也要放下身段的。只有把握住自己，敢于沉得下去，才能最终浮得起来。只是天天想着混成老大的人，在职场这个江湖之上很难找到合适的位置，更不用说找到证明自己的空间了。

跟工作死磕

行走职场极少有一帆风顺的人，哪个成功抑或是胜出的人，都必是要经过许多折磨历练的。在职场之上，拼的不光是能力、资历、学历，更多时候拼的是一股屡仆屡起的耐力。

我们可能有十分的能力，却时常在历练的阶段倒下，失去了胜出的机会。抱怨他人、责怪机遇是常态，而究其本源，实在是因为少了一份坚韧的耐力。许多时候，越是企业要重用你时，越是给你难题的时候。我们如果不能勇敢面对，并在测试中胜出，真正失去的不是简单的一个机会，而是我们自己在职场上的意义与价值。

跳槽是个技术活

如今，“跳槽”成了个热门词，好像谁要在一家公司干了一辈子没跳过槽，就成了珍稀物种。其实，跳槽并不是适合每一个人，也不是在什么时候跳都会得到好的回报。跳槽应该看好自身条件，了解要跳过去的企业的情况，确信现有条件的确不符合自己的发展需求，确认未来机会大于现有机会，有这样一个完整思考缜密分析的过程。

任何一次清醒的跳，都可能带来一次快速的成长；任何一次盲目的跳，都可能将自己投入一个深不可测的陷阱，甚至可能是一次无法纠正的致命错误。

以他人为镜

职场内外竞争虽然激烈，但乐趣在于在这中间游走，可以涉猎多层面多侧面的人文社会，对于周围的人与事，可以有广泛和本质的了解。任何一个“战”在职场的人，都期望着成功离自己近些再近些。其实，教导我们的不是导师，而是身边的芸芸众生。

只是，愈是身边的愈是容易被忽视。有许多小事件，小人物的经历，常常为人们所忽略。“三人行，必有我师”，观察他们的工作状态，取其精华，去其糟粕，我们就可以在职场上找到成功的捷径。

面试官奇遇记

审视着别人常常如看到了自己，站在面试官、人事官的角度，看一下什么样的人才是你喜欢用的，什么样的人让你立即想放弃？如此转换角色，你会猛然醒悟，或许你现在的所作所为，正是自己当了面试官、人事官都不喜欢不接受的，更何谈被领导赏识器重呢？

抑或是站在第三方，即使用第三方的角度去看那些你喜欢和不喜欢的同事，你也会发现在职场之上，人的优劣与交朋友无关，与找对象更没关系。也许，你喜欢的人并不胜任他的工作，你讨厌的人正是一个位置的恰当人选。不以个人好恶对待同事、评价同人，这是职场上确立自身地位的前提。

职场感悟

行走职场年复一年，经历了太多事遇见了太多人，也就生出了许多的感悟。有顺境当中的自语，有逆境当中的感叹，有自己的喜悦悲伤，有他人的成功失败。

从头回味，让人不得不感慨职场如战场，胜败兴衰不在于时间境况，而在于自己的兵法运用、心态调整。同样的，所在企业好坏，也与自己是否尽职，是否沉得下来，有着密不可分的关系。

初涉江湖

职场如江湖，入场无悔，江湖之内没有谁教谁，只有自己打拼出一片天地。若以学校里十余年的经验来尝试，受气了找老师告状，不痛快了找老爸转学，是要一沉到底永不翻身的。

在江湖之内，水性是自修的，姿势是自创的，学习是看别人的。此处的实习是有活就干，有事就上，有能力也要放下身段的。只有把握住自己，敢于沉得下去，才能最终浮得起来。只是天天想着混成老大的人，在职场这个江湖之上很难找到合适的位置，更不用说找到证明自己的空间了。

学习生涯从大学毕业那天开始

长期参与招聘工作自然生出许多感触。每个应聘者都带着属于自己的故事、属于自己的梦踏上择业的征程。当他们出现在我面前时，我从窃喜能够决定别人的命运，到感叹人与人的差异，最终是对工作与人充满责任和希望。这个过程让我也体会到自己的成长道路。

说到从大学校门刚出来的学生，我可真是有一肚子话要讲。起初进行招聘时，我特别愿意接待应届生，因为自己常常回味起曾经的学习生涯，见到他们倍感亲切。

但随着时间的流逝，应届生在我的面试通知名单里越来越少，直到有相当长一段时间失去了他们的踪影。即使有一两份注水简历混进来，也会被我的火眼金睛给揪出去，客气地请出去。

是什么原因让他们远离了我呢？回过头去思考，我总结了三大原因：一是自我认识不足，定位太高。许多学生往往觉得自己读了四年大学，家里投入那么多，自己又非常努力，怎么着也要混得有面子吧？特别是在学校期间表现比较突出的，更是不能接受从基层做起，从基础学起。面试时听到比较多的话是：“我沟通能力强，学习能力强，我认为我很勤奋，在学校时获得过……”然后要求一个职位，一个空间，一个待遇，而忽略了企业需要我做什么。

而大部分企业在用应届生时，会考虑让其先从事一些基础工作，以证明你的能力如你所说，因为你没有既往成绩来说明，那么从基础做起其实是真正的捷径。因为起点低容易体现才能，也能让你对企业有个真实全面的了解。也许职位不够光鲜，收入不够理想，但如果没有基础，给你栋大厦你也会盖垮，不如从地基开始。

二是面子思想严重。面试中大部分学生并不是不能从事一些听上去技术含量不高的工作，而是比的思想严重。他们不愿意和同学再见面时，人家都是白领、金领，而自己就是个业务员、接待员、销售员。别人一个月挣五千、八千，自己就一个月一千多元，还要承受着任务压力，还要被别人管制。

但是，真正能出了校门就进名企门的能有几个？即使幸运地进入了大企业，你在其中的机会有几成？而那些中小企业迫切需要人才，只要你能沉淀下来，能与企业共同发展，你的机会会比同期的那些人多出许多倍。

三是心理准备不充分。优秀的学生考上知名的学校，家长的夸奖，同学的羡慕，很容易让人觉得飘飘然。当学位到手后，对自己的期望值也就涨至顶点。面对社会的竞争压力，面对被人审视的不安，心理上的脆弱成为大多数人的软肋。

特别是在选择工作屡屡受挫，勉强有个地方要时，就只能强撑着不情愿的心，一百个不愿意地上岗。干事就会勉勉强强，成绩就会不尽如人意，挨批就会成为家常便饭，对职业的失望就会与日俱增。最终，企业会放弃你，你也会因为不适应、不满意而离开企业。这样的情况经常发生，企业就会避免招聘应届生，因为企业感觉这些人太不稳定，做事不踏实。

和同样从事招聘工作的人事管理人员聊天时，发现大家都反映面试时不愿考虑应届生，原因如出一辙：我们是企业不是培训学校，应届生来不了几天就想走，流动性太强。还没做出什么来呢就想提升，就想做管理，就暗示涨工资，还爱闹气说不干。

作为招聘别人的人，我从对应届生充满热情，到对他们失望，受打击最大的是我自己。因为，我也是从那个校门里走出来的，能够有个小小的权力帮助他们展开翱翔的翅膀，我曾经期待着这些学弟学妹们能够珍惜，能够理解，能够好好磨炼自己。但是，我收获的是一次次的失望。当他们成为我的同事后，他们往往表现得缺乏耐心，急功近利。当领导认为一个人能力不错时，就会多给些压力，其实这是在用你之前的一种测试，而大多数人就在这测试面前倒下了。

记得曾经有位新人离职时，和我有过这样一次对话。

他："我觉得我不适合销售工作。"

我："为什么？你来时不是说你愿意在一线表现自己的能力，你热爱具有挑战性的工作吗？"

他："我当时就是想进入企业，其实我可能更适合企业策划类的工作。企业要愿意用我，就让我干我喜欢的吧，要不我就只有离开了。"

我："你在一个岗位上还没证明什么，怎么就那么肯定你会在下一个岗位上成功呢？短短三个月时间你就想说你适合或不适合，就考虑换岗跳槽，你这是对自己的不负责任。"

他沉吟，后来犹豫地说："我是班长，现在各方面我都比同学差，那些原来落后我许多的同学收入也超过了我，我……我就是接受不了。"

在我接触的新人里他绝对不是个例。我对每个自己面试过的员工都充满信心，但打击我的往往是应届生。

现在，我又开始面试应届生了，因为，我相信他们中终究会有出色的，有愿意了解企业、从细节做起的。只是，在面试时那种不正确的心态，还是在许多人的身上出现。那种期望速成、渴望立刻被认同的想法，还是在不经意间流露。

我想说，我也是从学校门走进企业门的，也是从一个小小的新兵开始的。那种少年轻狂，也曾是我的符号，那种不堪忍受的被忽视的感觉，也曾是我的痛苦。但是，成长是需要深厚积淀的，不要让自己在不平衡的心态中徘徊太久。机会就是在你不能承受时，与你擦肩而过的。

其实，学校不过是个小课堂，社会、企业才是真正的大课堂，我们的学习生涯是从走出校门那天开始的。在这所学校里，我们要学习的不是四年、八年，是未来的数十年。我们拼的是实力，证明的是适应力。

你能分辨真正的吃亏和占便宜吗

长年和新人打交道，我发现每个人对于得到和失去有着完全不同的认识。有时候，别人都觉得吃亏的事，你做了，却收获颇丰；有时候，人人觉得是件占大便宜的事，却让人吃了大亏。

1992年的时候，在外企工作是件让人艳羡不已的事。部门新招了两名前台，一个圆圆脸大眼睛，一个细高个儿长脸庞，哪个都是美人坯子。

刚入职不久，两个人亲得跟姐妹似的，不知道的以为她们认识多少年了呢。前台工作忙且杂，圆圆脸爱说爱笑，大家有事愿意找她办；长脸庞安静，可做事利落，头儿喜欢安排她做事。

一个月之后我发现，圆圆脸随和，所以大家总是让她干这干那，似乎她是个大杂工，有些过分的同事连洗茶杯都让她弄；而长脸庞就好多了，早晨给老板收拾好办公室，然后除了老板之外谁招呼都不动了。大家觉得长脸庞是老板爱用的，所以就更加不找她。她是正点上班准时下班，比我们这些小白领还幸福呢。

爱打抱不平的孙姐看不惯了，跑过去对圆圆脸说："你甭给他们洗抹布沏茶水的，凭什么呀！你是前台不是小保姆，不惯他们这毛病！"圆圆脸特感激地看着孙姐，然后笑笑说："谢谢孙部长，没关系的，我反正也忙得过来，给大家干点儿事我高兴呢。"孙姐看她不领情有点儿不乐意，圆圆脸赶紧说："孙部长，您看我什么也不懂，外语又不好，帮大家点儿忙还能多学点儿东西呢。您看，我这比上学还省呢！"孙姐听她这么一说，乐了："你这丫头，挺鬼的嘛！"

大约过了半年时间，公司管理部需要一位经理助理，两个前台都申请调岗。大家觉得长脸庞老板用着顺手，这回机会肯定落她手里了。谁也没想到，最后上任的是圆圆脸。原因嘛，我们德国老板说了，圆圆脸才来半年，专业已经非常熟练了。而长脸庞除了复印、打字、接电话，什么也不懂，当前台合适，当经理助理差太远。

所有人都以为给老板打杂是占便宜，给同事帮忙是吃亏。结果，吃亏和占便宜正好来了个相反的结局。

2002 年，我与另外三名新人一起进公司报到，大家做一样的工作——新业务部前期开发。一位老领导和一位小主管率领四个外行，大家的起步都不容易。

新业务部每天杂事多得数不清，最烦人的就是去所辖区域了解基本设施，回来还要画出区域图。早晨领导一布置，我和赵长生就被另外两位同来的新人推出去，他们不是抢着接热线，就是配合领导实地看盘。谁都知道，接热线不用风吹雨打还可以拿到客户，配合领导看盘更美了，天天在领导身边晃机会多呀！

连续三天这样，我气不打一处来，非要找他们理论不可，却被赵长生拉住了。出门我就嚷嚷：“太欺负人了，都挑好事干，以为别人是傻子啊！”赵长生边乐边说：“你真是傻。你以为出来跑区域不好吗？这是占大便宜的事。”我瞪他一眼，这人才是傻迷了呢！

“真正销售的时候，要的是一手材料。如何来完善营销方案？真正的市场调研才是硬道理。咱们天天跑区域，知道方圆十公里以内有哪些医院、学校、幼儿园、饭店、邮局、汽车站，你说，我们是不是最有发言权的人呀？”赵长生不紧不慢地说。

可光有道理行吗？真正起作用的是这些吗？

事实证明他是对的。三个月后营销工作正式启动，我们拿出了最权威的区域调研报告，还附有准确的周边设施标示图。就这样，我们成为部门营销的主力。

大多数时候，我们加入一个新集体，很难判断做什么占便宜做什么吃亏。我们能做的，就是不计个人得失，认真做好分内甚至是分外的工作，用优良的工作效果和宽容的心态，面对任何吃亏抑或占便宜的事。

勇气是敲开机会之门的第一步

在一次企业内训的课上认识的小叶，是我遇到的最年轻的女高管，也是那次课上听得最认真的一个学员。

通过课上的交流，我觉得她有着与众不同的思维方式，对她的管理经历也充满好奇，课下便多了单独的沟通，渐渐地，我们成了朋友。

小叶毕业于一所名不见经传的民办大学，走出校门时与其他人一样遇到了找工作难的问题。刚开始，为了解决吃住问题，她在超市做过促销员，也在专卖店做过导购，后来进入一家培训学校做业务员。

在四处寻找学员、配合做教务的过程中，小叶接触到了许多大大小小企业的中高层管理者，其中有些企业小叶非常希望能加入。可是，虽然工作中能够见到他们的管理人员，却因为自己只是一个送水、发教材的工作人员，她始终怯于和人家主动说话。偶尔有机会帮主管去某个企业送发票、宣传品之类的机会，又往往进了企业的门就被挡住了，基本上都是秘书小姐接过去，自己连深入内部看看都不可能。

有时候，小叶也想，我要是能够和他们的负责人谈谈或许会有机会。可是，真到了人家公司里，就又觉得冒失地闯进去问太傻了，人家要是不理你或是轰你出去，那该多尴尬呀！就这样，小叶认真地做着业务工作，业绩不是特别好也不是很差。

一次，小叶去给一家企业送培训的课票，到了公司门口，负责人派秘书来接待她。小叶对这家企业关注已久，因为学的是金融专业，她是多么渴望能有机会加入这家金融公司呀！

终于，小叶鼓足勇气对秘书小姐说："我需要和负责这次培训的领导当面说几句话，因为这次课程有一些变化。"秘书小姐审视了小叶一下，点点头去请示她的上司了。小叶激动地等待着。

当小叶被领往办公室时，她边走边仔细回忆着自己对这家企业的基本了解。面对着不知道是负责哪个部门的领导，小叶把培训课程的地点、时间、注意事项逐一介绍完毕后，又与对方聊了一些关于企业的情况，特别是谈了一些近期金融政策的变化以及对市场的影响。

离开时，小叶被那位领导送出了大门。因为紧张，她已经是汗湿掌心了。对方在电梯门口给她留下一张名片，说是有机会希望再和她聊聊金融市场方面的话题。小叶不知道这次见面能够改变什么，但她很高兴自己能有勇气向前迈出了一步。

这之后，小叶开始相信只要敢于面对，就可以向自己希望的目标靠近。在接触客户特别是专业对口的企业时，她都提前对企业进行调查，并在接触初级工作人员时给对方留下良好的印象，进而大胆地提出面见管理层。

最重要的一点是，她会在有机会进入企业内部时，刻意主动与别人打招呼，迅速熟悉企业的管理人员，最终为自己自然进入管理人员的视线打好基础。

就这样，半年后小叶在为一个企业送培训课件时，路过总经理的门口。当时门半开着，小叶看见总经理一个人在电脑前看着什么。她毫不犹豫地敲了两下房门，对方看见她奇怪地问："你是……"可能因为小叶来过几次，觉得面熟，所以客气地说："有事找我？进来吧。"小叶边自我介绍边感谢企业一直支持并参与她介绍的培训课程。

谈话从客气寒暄到金融市场的近期变化，从行业目前形势到小叶的工作近况，持续了将近一个小时。小叶对于企业的深度了解让对方非常惊讶，同时，对方又欣赏她在专业方面的谙熟。就这样，小叶抓住了这次机会，三个月后成为了企业的一员，又在一年后走上了管理岗位。

当然，加入企业之后的路并不是一帆风顺的，小叶的成功还有许多值得学习的地方。但仅着眼于她敢于推销自己，善于把握机会方面，也相当令人佩服。有许多时候，机会并不是没有，只是在机会面前我们不够大胆，害怕被人拒绝，担心对方笑话，让我们时常错失良机。

小叶说过，当年自己也有许多次被人家客气地请出去，也有被对方看成有毛病的时候，她总是在离开时对自己说："放弃了解我是你们的损失。"也许在大多数人眼里，这样的思维是阿Q式的自我麻醉。

但是，正是这种坚持与执著让小叶抓住了别人放弃，更多是不敢争取的机会。现在，许多人都觉得对现有工作不满意，或是找不到满意的工作，其实，不管我们在做什么，只要为下一次机会时刻准备着，那么，要做的只是在机会门前，大胆地敲开你想进的那扇门！

感激打杂的日子

毕业经人推荐到了某研究所，晓鸥感觉挺幸运的，可真去报到的时候，他才知道什么叫受刺激。实验室里总共十一个人，没一个硕士以下学历的，他这个小专科生立刻矮得不是半截，简直全身都埋进土里了。

从此，晓鸥进入了一种做梦也没想到的状态——打杂。实验试剂没了，他去领；拍摄过程中胶片没了，他去买；谁的实验要守夜盯过程了，他蹲守……

晓鸥觉得自己生下来就没受过这份儿罪，在家咱也是独生子小皇帝来着，在这儿上班却训练得比保姆还全面呢！可晓鸥又埋怨不了谁，当初上学时成绩差，本科没上成，专科也不是什么好学校。出来后要不是二叔帮忙，自己还进不了这么体面的地方呢。

想到这些，晓鸥也只能坚持了。一干三年，晓鸥把实验室能打的杂都打了。所里领导偶尔还是会表扬他一下，说是以前好多人干这工作都不踏实，只有晓鸥能够任劳任怨。

三年后的一天，晓鸥成了我的同事。这个白白净净的小伙子来了之后，大家都反映他特别勤快能干。我听多了也便注意起来，发现他果然与以前接触的年轻小伙子不同。他眼里特别有活儿，干什么都能迅速上手，还懂得照顾大局，善于与人配合。

几次布置给他的工作办下来，我不得不承认他是个出色的办事人员，他不仅是称职，简直是超值。可是我有些不明白，人家家庭条件不错，还是本地的独生子，怎么就没有那些懒散、任性、不爱干活的毛病呢？

和晓鸥熟悉了之后，聊天中得知了他毕业后的那段经历，明白了他在打杂的过程中得到的锻炼。他说，他也曾经想逃避过。有一次中午有个实验没结束，主任安排他去给大家买饭。走出楼门时他的眼睛已经湿润了，自己从小没干过任何家务，家里什么事都是妈妈和奶奶做，他什么时候给人家买过饭端过饭盒呀！

那一瞬间，晓鸥真的想抛下一切离开。自己是学历不高，可也不傻不笨啊，凭什么总是让自己打杂呢？为什么就不可以上个真正的实验呢？为什么就不可以写一次实验报告呢？

虽然他难过着，纠结着，可最终他还是给大家买了饭回来。看着加班到下午两点的同事高兴地过来抢饭盒，还真诚地对他说"谢谢"，他忽然觉得打杂也非常重要了。

他说，当他想明白自己确实与同事有差距，需要提高的太多时，也就安下心来打杂了。他边打杂边学习，在人才济济的地方，最不缺的就是老师，他很快自考了本科，还自学了英语口语。

看着稳重大方说话得体的晓鸥，我不相信他曾经是负责打扫实验室、经常给人家买饭的打杂工。可他又让我不得不相信这是真的，因为他在安排公司日常事务上的精心细致，他在配合别人做事上的认真敬业，都证明着他曾经真的用心打杂过。

晓鸥跟我说的一句话我最难忘，他说："工作这些年，最难忘的不是当经理的日子，而是最初打杂的日子。而且，我感激自己能有机会经历那段历练。"

有时候，我们轻视的过程，正是对我们一生最有意义的阶段。

机遇的故事：有些事情你相信才会存在

1996 年秋天，在经历了三个多月的失业后，我终于盼来了一次面试机会。虽然只是个小小的营业员，可我丝毫不敢怠慢。经历了初试、复试、笔试、面谈，终于在一个月后得到通知，我可以去那栋漂亮的大厦里上班了。

奢华的营业大厅里，只有我们七个营业员。报到时我才知道，面试时的几百人，在四轮考试过后就剩下我们这几个了。自己能获得这次机会，除了成绩出色，还因为面试时主动与其他面试人员聊天，被假装上卫生间的主考官看到，他确信我具备良好的沟通能力。

从那天起，我们开始坐在宽大的服务台后面，边努力适应新环境，边学习操作陈列柜里的产品，然后就是听经理讲服务常识。因为刚刚开业，所以一天也来不了三个客人，我们有大量的时间学习专业知识和服务技巧。

三周过去了，学习内容已经掌握得差不多了，经理开始不常来厅里巡视了，我们可以做任何自己喜欢的事。大家有的聊天，有的看书，有的打盹儿。而我呢，作为所有新人里年龄最大的，总觉得学东西太慢赶不上别人，所以，当别人都不用电脑时，我就抓紧时间拼命地练打字，努力熟悉操作内容。

冬天的午后让人倦倦的，大厅里异常安静，从自动门处走来一位中年男人，穿着一件灰不灰白不白的T恤，一条皱巴巴的深色长裤，一件敞着怀的土黄色羽绒服，倒背着手踱到柜台边来。几位同事都在做自己的事，看看没人站起来，我赶紧走了过去："您好，请问您要看哪款机型？"

男人抬起地方支援中央的脑袋，看着我的脸有十秒钟没出声，又低下头去看机器。我心想：这家伙，真没礼貌。可是，既然人家进来了就是我们的客户，我耐下心继续和他说话："您先看看，要是有什么需要就问我，我姓张。"男人这次没抬头，只用鼻子"嗯"了一声。

一周后的早晨，正在清扫大厅的我被经理叫到了办公室："你学习得不错，公司决定让你去开发一下房山地区的代理市场，你准备一下调业务开发部去吧！"我一脸的莫名其妙，大着胆子问："您能告诉我为什么吗？我没做过业务，房山那地方我长这么大都没去过，再说我们的设备在那边覆盖也不太好，我去了做不好怎么办？"

经理扶了扶眼镜，面无表情地回答："我也不知道为什么，总经理点名让你去的。我还纳闷儿呢！我跟他说厅里人少，学得不错的更少，让他考虑别人，可他偏要你去，我也没办法。”

想想自己找份工作不容易，更何况是在这么大的企业里，调就调吧！几位同事七嘴八舌地问我是不是认识谁，要不老总怎么知道我的名字。而我呢，更如堕五里雾中，找不到答案。我认识谁呀？这公司里扫地的我还不认识一个呢！

反正是打工，努力做就是了，想通了就不再猜，当我每天往返于北城与房山之间时，真觉得自己怪倒霉的。每天背着一书包机器，不停地在当地测试使用效果，再满大街地找商家，说服人家代理。对那里一无所知的我，只能是抱着地图乱找，常常是被人家一句话就赶出来。

晚上回到公司，我真想第二天就辞职不干了。这不是折腾人吗？可是，每当我要退缩时，就想起外婆曾经说过的话：“这世上没有受不了的罪，只有享不了的福。”于是，第二天的清晨，我就又登上奔向远郊的公交车。

春天来临的时候，我终于对那片陌生的土地熟悉起来，并收到了提升通知书。在面对分公司总经理、人事经理和部门经理时，我紧张得几乎说不出话来。正谈着，门“吱呀”一声打开了，进来的正是当初我在营业厅时接待的那位不说话的中年男人。“你们都在呀！正谈话呢？好，谈吧。小张，以后的工作更艰巨了，要努力哟！”说完那男人出去了。

部门经理眨着眼睛问我：“你认识董事长？”这一问让

我顿时醒悟，原来是他。我大方地点点头说："是的，我认识，他是我来公司的第一个客户。"总经理笑着告诉我："当初洪董来这里视察，中午吃过饭要自己转转，到营业厅发现所有人里只有你最主动，最有服务意识，后来他要求我们注意一下。结果，我们通过对你业务能力的测试，确认你是个好苗子。"

人生的机遇就是这么不经意地从你身边掠过。一个数千人的企业，也许在里面工作多少年高层领导也叫不出你的名字，却可以通过一件小事记住你。时间过去了十多年，往事历历在目。坐在企业管理者的位置上，我不仅期待着下一次机遇的来临，也同样期待着每一位渴望机遇的人，能够清醒地看到并抓住机遇。伯乐立于万马奔腾中，想被他看见就要与众不同。

高飞的翅膀是靠自己练成的

小孙调到公司市场部担任助理，小姑娘拿到通知时眼泪扑簌簌地流了下来。别以为是她脆弱，而是为了获得这个职位，她经历了太多。

小孙来公司时是应届毕业生，主修国际贸易专业，可是毕业后找工作却是难坏了她。投了无数份简历，连续面试了十几个单位都没被录用，原因只有一个：没工作经验。

到了后来，小孙根本没工夫考虑专业是不是对口，工作是不是理想，不管是业务、文秘、文案、行政、人事，等等，只要是要人的职位她全挂了号。

最终小孙来到我们公司做了前台接待。这个见人先笑、说话像银铃的小姑娘，很快就成了公司的一道风景。以前的前台做的工作就是转接个电话、打打材料、来人引导、端茶倒水。小孙来了却大不一样，哪个部门的人她都招呼个遍，还问人家部门的基本情况。开始有人觉得她特别事儿多，后来发现小姑娘仅用短短两周就对公司的业务和人员状况门儿清了。

没过多久，大家就一致反映，现在接咨询电话不用转来转去，找人也是一步到位。特别是客户上门，小孙能安排得井井有条。还有就是她的笑，甜甜的、纯纯的，不卑不亢，让任何人都能感受到她的亲切。

早晨，走进办公区首先看到的必是小孙的笑脸，打扫得干净整洁的前厅，注满水的饮水机，窗明几净的总经理办公室，分发到位的信件。所有的一切，仿佛都在提示大家，我们有一个非常出色的前台。

在小孙入职两个月后，通告栏里的当月转正人员名单里就有了她的名字。公司一年也出不了一个提前转正的，作为前台，能够赢得这份荣誉更让大家啧啧称赞。

小孙入职的第三个月，公司内部竞聘市场部助理。这可是有诱惑力的职位，不光因为这个部门在公司非常重要，而且收入也相当不错。

一时间符合基本条件的人都来报名。短短两天报上来十多个人，全部是业务一线或是其他职能部门的有经验人员。小孙出人意料地也报了名，大家都替她担心。没有一天业务经验的她有戏吗？更别说市场部是出政策、出市场策划案的部门了，她能行吗？竞聘不上该多丢人呀！

小孙心态倒是真好，别人问她，她就甩甩马尾辫：“没事，不管是骡子是马，总是要拉出来遛遛的嘛！”

竞聘当天笔试成绩就出来了，小孙居然名列第三。这可让公司内大大地爆炸了一回，这个小丫头真不含糊呀！可是，接下来的测试不是背背书就过得了的，全部是实操模拟，人家别的选手都是有实际操作经历的，小孙的胜出可能性好像微乎其微。

第二天早晨，公司的通告栏前围了一圈人，竞聘结果已经出来。只见高居榜首的不是别人，正是那个入职才三个月的小孙。有人半开玩笑地问落选的李杰，是不是这小姑娘冲领导抛媚眼啦？李杰正色道："别看人家姑娘小，有心着呢！每个环节都表现得特别出色。你们别瞎胡闹了，说话可得负责任！"

小孙搬着东西美滋滋地走到新工位前，有好奇的同事跑去问："你是什么时候学会的啊？"小孙依旧是甜甜地一笑："回家看资料，问老员工呀。"有不甘心的非要刨根问底："下班以后又不签约了，你是怎么学会的呢？"小孙脸一红："我休息日去分部看的。"

原来，小孙每周的六、日都会到不同的分部去学习，帮人家签约或是打印资料，回家也抱着各种资料。公司的管理政策、业务流程、产品介绍她讲起来如数家珍。

公司下周又有职业说明会了，不知道这一批人里会不会再有个小孙姑娘？

小甜甜的变化

小甜甜参加工作了，她妈妈兴奋得连续三天唠叨着没停。特别是甜甜工作的单位正好是我的公司，让她妈妈又是开心又是担心。为什么？因为我和她妈妈的同学的小姑是同事，这不是又期望关照，又怕给添麻烦嘛。

想当年，我刚参加工作时就归她妈妈领导。至于小甜甜，从她出娘胎我就看着，一直看到她可以挣钱了。

甜甜上班不足一个月，甜甜妈的SOS就拉响了，也不管我在会上多不方便，硬是打得我手机要没电。这老领导急吼吼的原因，是甜甜每天不汇报工作进展，对老妈全面封锁消息，还反对妈妈去公司参观。

原来，甜甜上班以后每天早出晚归，几乎没一天准时回家。当妈的不放心，就问是不是回家路上开小差儿了？这一问甜甜老大不高兴，说是忙都忙不过来，哪儿有时间开小差儿呀！再问下去就成徐庶进曹营——一言不发了。

碰了一鼻子灰，甜甜妈改变了方式，让甜甜爸天天开车接送甜甜。主意一出，甜甜火了！公司里上班的人多了，哪有爸妈接送的呀？你当我上幼儿园呢？

甜甜爸不但不站在老婆一边，居然还和甜甜一个鼻孔出气，说什么孩子都工作了，干吗像管小孩儿似的管着呀！嘿，这女孩儿长大了就更危险了，能不管吗？

老领导义愤填膺，我只好答应她去找甜甜探听消息。谁让当初领导照顾咱呢，说什么也不能忘本呀！甜甜挺乖，一约就出来了，不过晚到了半个小时，在饭馆里一坐下就笑嘻嘻地喊："在公司外边了，我叫你姨成吧？干吗选这么贵的地方呀，太浪费了！"哟，真是上班了，知道省钱了。

聊天的话题还没找到，甜甜就揭上我的窗户纸了："是我妈派您来打探消息的吧？您这算余则成吗？"甜甜大口吃着比萨，哈哈大笑："您是不知道呀，我妈以为进了大公司就可以臭美了，哪儿呀！根本没时间让我美。什么都不懂，人家都忙，谁有工夫教你呀！说是有培训，可理论上说的和工作上遇的那就是两回事儿。

"上学时候学不会可以问同学，问老师，考不及格可以补考。到了单位问谁呀？上班第三天，同事让我帮着送材料，送过去之后才发现少了一份，结果又打车回公司取了再送过去。人家臭批我一顿不说，到食堂才发现都下午三点了，哪里还有吃的？我只好到街边小店买了个面包。回到公司刚吃两口，行政的大哥就发话了，说是办公区域不准吃东西，问我接受过岗前培训没有，还罚了钱。挨训不算，还搭了车费和罚款。”

这时，甜甜的小脸已经不像吃比萨，像吃苦瓜了。“什么事对我来说都是新的，老是干出问题来，觉得自己好像突然成了傻瓜。说真的，阿姨，第二个星期我真不想再上班了。”

我喝着咖啡笑了:“既然上班这么不开心，有没有想过换个地方呀？”甜甜拼命摇头:“不，不！我不能给我爸妈丢人，他们逮谁跟谁显摆我进了大公司，让他们脸上特有光。我这头儿还没开呢就跑了，他们会伤心的。再说，谁不是这么过来的？别人能过来我就不信自己过不来。而且，和大多数同学比我算幸运的，出校门就上班了。您知道，我们班好几个还闲着呢！”

这孩子，什么时候这么懂事了？我禁不住又问:“那你为什么不跟妈妈说呢？”甜甜不好意思地低下头:“我不能再像小孩一样总是跟妈妈诉苦抱怨呀。再说，也怕妈知道了担心。”

甜甜还笑着告诉我，今年三八妇女节，公司给她发了洗发水，她挤出个怪相说自己也进入妇女行列了。看着她虽然疲惫却坚定的脚步，还有脸上开始退去的稚嫩，我拨通老领导的电话，对她说：尽可以放心，甜甜已经长大了。

精英人才的基本功：注重细节

做团体培训是难度相当大的事，特别是规模招聘的时候，很容易照顾不到每个人的实际情况。而这个时候，选人往往更侧重于看考核成绩，再就是平时点滴的表现。

那年，公司扩大规模，一次招聘了四十多名员工。我作为组织者，要对全面的招聘效果负责，所以平时就特别留心。在培训期间，哪位学员爱迟到，哪位学员爱闲聊，哪位学员容易走神儿，都被我一一记下。

有一位长发美女每天都从我身边过，可一次也不理我。我在第五天拍拍她的肩膀问："你是参加培训的吧？为什么我向你微笑你不理呢？"

女生吓了一跳，愣愣地看着我，半天才回答："你是干吗的呀？对管签到的也要打招呼吗？"

我都快哭出来了。我每天的确来收签到簿，可是就算是管签到的，也不能我向你微笑你不理我吧？我继续微笑着对她说："既然知道是公司的同事，见面就应该打招呼呀。

这可是做人的起码礼貌啊。”美女扯动面皮似笑非笑了一下，算是和我打了招呼。

转眼到了周一，美女又来上班，见面就喊：“张总早！”我非常高兴她知错就改，人家却来了一句：“您也不介绍自己是老总，要不我怎么能不理您呢！”我白高兴一场。

第三周学员下去实习了，我到业务部跟踪实习效果，分派区域时我特意选择了小蒋负责的丰台。早晨大家到马连道茶城集合，八点半我到时，小蒋已经到了。选择跟踪他，是因为培训期间他成绩不错，可不是很主动，我要实地考察一下。

十分钟后，人到齐了。我问他们怎么一下子就找到了？小灵蹦蹦跳跳地告诉我：“小蒋提前把电子地图打出来，还给每人复印了一份，标出了具体位置、标志性建筑。”我看着那份地图点了点头。

三人分头去发资料要名片，分手之前小蒋叮嘱着：“赵杰你就直走，不要转弯，左边去右边回，省得大家走重了。”然后蹲在路边把资料和礼品分成三份儿，又拿出三个袋子，每人一袋装好。这小伙子真细致！

一周实习后，小蒋组的成绩名列第二，这和我的判断差不多。细节决定成败。他办事周到，如果能够把业务知识丰富起来，应该非常出色。

如今，那位看人打招呼的美女在干什么我不清楚，因为她没被正式录用，小蒋已经成为公司的客户关系部经理。一个注重工作细节的人，他的职业发展已经成功了一半。

多年前，我所在的公司进行集体招聘，入职后的实习期间我进行跟踪，发现在业务一部实习的葛建明每天都回公司写东西。哪怕完事已经是晚上九点十点了，他也要回来写。

某个下午，我悄悄站在他后面观察，只见他把当天大家跑过的商户都在地图上标出来，再把名片分类——可以近期再跟进的，他就给人家打电话或发短信。我问他："你提前打电话干什么呀？人家要烦你肯定找碴儿不见，直接上门去多好？"

葛建明不好意思地回答："我发现，只要我真诚有礼貌，对方是不会拒绝的。直接闯进去，人家才不喜欢。所以，实习第二天起，我就先要回名片，然后分类，根据对方反应分三天跟进、五天跟进，这样客户就不会那么烦了。"

我看到他旁边打开着一个小本儿，上面写着五六条，还钩钩叉叉的。见我看，他就说了："这是我的工作记录。先把当天要做的写下来，晚上回来再看，做完的就打钩，没做完的必须当天完成。"

小葛实习成绩属于中等，专业成绩基本都是良。正式下派到业务部，他依旧每天没有特殊情况都回公司。那个小本子他总是带在包里，回来就翻出来写写画画。

偶尔，我会找他要客户记录表看看，还会找出几个较早的客户问他，每次都没让我失望。而且，他还开始进行数据管理，把客户分成A、B、C三级，各代表意向强烈、有意向和暂无意向。

我问他，你这么麻烦地分呀记呀，累不累？别人把这些时间用来跑，客户准比你多。你尽折腾了，不嫌麻烦啊！他回答我，整理好了跑起来目标清楚，事实上更省时间，效果更明显。他得意地告诉我，他的回访按周期进行，意向强烈的常联系，有意向的间隔联系，暂无意向的以月为周期进行问候性回访。

这个小葛，还真是把客户给管理起来了，效果特别突出，业绩也增长迅速。没多久，他的客户细化管理就成了企业模板，在公司内被大力推广。

一年后小葛成为了业务骨干，两年后跳槽到某公司做了业务总监。注重细节，这是精英人才的基本功啊！

做出来还要说出来

北京有句老话："光说不练假把式，光练不说傻把式，会练会说好把式。"在工作中这句话也是通行的标准。

为了尝试新业务，公司创建了直销业务部，我负责这个部门的筹建和前四个月的业务开拓、人员招聘培训工作。经过三轮面试，我们选定了13个人——9男4女。以应届毕业生为主，即便是工作过的，也是完全外行，并且工作时间不超过两年。

我为他们做了全封闭式学习计划，从企业文化、章程制度，到基础的专业知识。

第一周就有人坐不住了，认为学这些没用，应该让他们跑市场，跟老业务学怎么做单出业绩。基础条件最好的赵月第一个退出了，走时对我说："在北京生存需要钱，这样的学习等于浪费时间。"我笑着把他送走，虽然我非常遗憾，可也没有改变方法。

第二周的产品学习，又有3名学员离开了，同样的理由。

三周后剩下的9人开始进入市调阶段——每个人都要走出去，和陌生人接触，让对方填调查表格。

第一天回来，小珊就委屈地说，要是能有点小礼品送人家就好了。而小胜和小玮更是难受，因为他们根本不敢跟人搭茬儿说话，一天下来没收回几张调研表。最勇敢的小波本以为能收回100张的，可用了半天劲儿也不过五十来张。

我笑着问他们："做事难吗？"他们齐刷刷地回答："难！"

我一绷脸儿："难什么？你们学得很认真，准备工作也充分，让出去调研大家也挺踊跃呀。做事难吗？"几个小家伙大眼瞪小眼搞不清状况了。

我停下来，见大家都聚精会神，接着说："其实做事不难，难就难在'做'只是开始，'说'才是过程——不管你是满腹经纶，还是一脑袋智慧，你不说出来谁知道？可说出来谈何容易？你肚里没货不成，有货了没听众不成，听众自己不冒出来怎么办？"

小波最聪明，立刻反应过来："要敢于找到自己的客户，要学会让客户听我们说话。"嘿，行，学会抢答了。

小珊是个机灵姑娘，马上接过来说："对，我想让您提供点小礼物，就是想有个和人家搭话的理由。"其他几个人也加入进来，七嘴八舌地讨论上了。

几千张调研表拿回来后，我和他们开了个座谈会。开场第一句，我说："其实，你们这些调研对我们开展业务没什么作用。"失望顿时写满了一张张青春的脸。

我继续道："可这些调研的过程，对你们这一辈子都有益。"大家顿时又兴奋起来。

也许，他们真正明白了，做任何工作除了需要勤奋，还需要突破自我，明白了把自己推销出去的重要性远远高于把商品、方案推销出去。

和小峰熟悉，是因为他做的报表特别好看。这个好看不是漂亮，而是真正能达到报表的效果。

我把他叫来，本想表扬他，却有了"意外"的发现。我问他为什么把表改了，他吭哧了半天说"不好意思"。我告诉他，我不是要批评他而是要表扬他。他更紧张了，说"谢谢"都咬舌头。

我才知道，这个秀气的新来小伙子做事不错，就是"茶壶煮饺子——有货倒不出"。

过了两个月，他被部门退回人事部了。看到试用终止表，我立刻想起那个做报表漂亮，却不擅长表达的秀气男生，马上让助理把他叫了过来。

坐在我面前，小峰光哆嗦却说不出话。我让他去取自己的工作日志——部门要求，每人每天要记录自己的工作。他跑去抱着本回来，眼睛里已经有了泪花。我知道他不想被终止试用。

翻着记录得认真详细的本子，我站了起来，挥手示意他跟着我。我们一起到了咖啡厅。上班时间这里很空，环境非常安静。我们坐了下来。我问他老家在哪儿，为什么留在北京，都做过什么，遇到过什么难处，日志当中的某个客户情况如何……

慢慢地，谈话越来越流畅。我盯着他，说："你非常聪明，也有很好的悟性，唯一缺乏的是自信。做工作要认真，做事情要专业，但光认真光专业不行，你还要讲给别人听，还必须让人家听明白。"小峰马上又紧张起来。

"讲得明白不等于口若悬河。你只要在别人讲时整理好思路，然后等他停下来，你再把自己的话慢慢讲出来。如果中间别人插嘴你就停，等他停止时再说。"小峰慢慢点着头认真听着。

我故意停下来，半天，小峰反应过来："嗯，我是怕自己说话不清楚，所以觉得做好就行了，不要说多了。"

我呵呵大笑起来："你这段话说得又清楚又明白嘛！"然后我给他提了个要求，每周找我聊一次天，不定时间不定话题不定调子。此后，我们开始了每周一次的"约会"，内容五花八门。

在试用期延长两个月后，小峰成为那个部门的正式员工。他的领导都纳闷儿：这小子怎么从闷葫芦成了话引子了？我可是在他的 MSN 签名上看到了这样一句话：做出来更要说出来！

千难万难都过了，坚持到最后一哆嗦

那是顺江第几次受打击，你就是问他他也答不上来，当时他脑袋里只是一片空白。

也难怪他当时那个样子。到公司两个半月了，每次谈客户时他都尽心尽力，可是，每次觉得就要签约时准黄掉。他反省过自己的不足，比如专业知识欠缺，他就利用休息时间学习；比如社会经验少，他就想方设法多跟在老同事后边看；比如不善交流，他就下班后参加各类活动，扩大社交范围。

可是，不知是老天不喜欢他，还是机遇偏要与他捉迷藏，反正是试用期只剩下最后半个月了，他的业绩依旧一片空白。看看同来的欣欣，进公司一个月就出单了，到现在已经签成七八单。还有那个上学时比自己差许多的大东，虽说头一个月学什么都慢，领导们基本考虑停止试用了，第二个月愣是跑下个大客户，当月落地三单。

顺江想，论跑市场自己没偷懒没少走路；论干活，打下手的活儿自己永远冲在前面；论学习，自己一直是领先的。为什么就是没有业绩呢？他怀疑自己入错了行，又担心自己只是学习的料，而不适合工作。

他想到了辞职。虽说现在工作不好找，虽说毕业后投了一百多份简历，多数石沉大海，虽说面试了近二十家公司才得到这次机会，可是，最后真要被公司解除试用，作为当初的班长、团委书记，他哪里还有脸面见人呀？

犹犹豫豫中，顺江找到了来公司时复试自己的孙经理。当他黑着脸出现的时候，孙经理已经看出了问题。不等顺江说话，孙经理先开口："怎么？没有自信了？"顺江脸由黑而红，吭哧着说出了心里话。

他讲自己如何努力，怎样期望在公司干出成绩，他讲如何在困难面前一次次坚持，他还讲到自己要租房、要吃饭、要打电话、要坐公交车。孙经理就那么表情温和地听着。等到顺江越来越流畅地讲完，孙经理笑了："你看，你说自己沟通有问题，我怎么觉得你沟通能力不错呀！"见顺江不吭声，孙经理又说："顺江，一个人从学校出来，努力做事一方面是为了生活，另一方面是为了证明自己，这没错。可是，是不是所有拼命努力的人就会立刻有好的结果呢？"

顺江心想，看来孙经理要给自己讲故事了，跑不出齐白石晚年成材之类的俗套。可孙经理不说话了。顺江抬头看了对方一眼，孙经理好像在想什么，稍停之后对顺江说："这样吧，你都奋斗两个半月了，专业知识没的说，对客户的服务意识我也看到了，我不认为是运气问题。"顺江接过来说："肯定不是运气问题，不可能来的人都比我运气好。经理，我真的都要崩溃了。"

"好，看来问题不是出在你身上，而是我们没有抓住问题的关键。我们做个约定好不好？你再奋斗一个月，我帮你申请延长一个月试用期，如果到时候你还不成，我不留你。我知道你要的是面子，到时候你要走，我算你辞职，不是解除试用，如何？"顺江一时没回过味儿来，傻傻地点头同意。

顺江不明白，再多这一个月会有什么不同。近三个月都不成，难道一个月能天翻地覆吗？不过，顺江也知道好歹，既然孙经理这么相信自己，还愿意给自己机会，这最后一个月就算打杂儿也要打得出色。

一周后，曾经把顺江拒绝得没鼻子没脸的客户忽然来电话，说是上回让顺江忙了半天却没合作感觉特不好意思，这回他的一个合伙人需要一个策划顾问，他推荐了顺江，还把对方的喜好、特点、需求都先告诉了顺江。三天后，客户来到公司，因为有朋友推荐，再加上顺江的专业和周到，在方案出二稿时对方就来签了协议。

真是好运来时挡都挡不住，这个案子刚签，另一个顺江初进公司时接待的客户来了，说是比较了七八个策划顾问，感觉还是顺江最细心最有创意，他是货比八家又转回来了。因为有了比较，对顺江自然格外信任，把案子彻底交给顺江，连初稿都没看就签了协议。

连续的成功让顺江兴奋极了，加班加点出方案，天天跑图书馆查资料。就在他忙得晕头转向却兴奋异常时，欣欣告诉他孙经理让他第二天去办公室谈话。顺江猛地想到，最近是忙糊涂了，眼看试用延长期就到了，自己居然没反应。不过，近来业绩直线上升，顺江觉得过试用期肯定没问题，所以心情倒也不十分忐忑。

进了经理室，顺江大方地问候之后，坐在孙经理对面。这回孙经理的表情不像上回那么温和了，似乎还有点儿严肃呢！这个发现让顺江紧张起来，不会是出什么问题了吧？

孙经理没抬头，问："顺江，最近感觉怎么样啊？"顺江清清嗓子，简短明了地汇报了最近的工作，还不忘感谢上回孙经理的指导。孙经理面无表情地抬起头，看着顺江的眼神读不出内容："我没指导过你，只是和你有个君子协定。你回忆一下，是这样吧？"顺江本来自信的心一下子失了准儿，说话也磕巴起来："哦，嗯，啊，是呀！"声音低得像蚊子叫。

孙经理看着他笑起来："我说顺江呀，知道你当初为什么都要放弃了吗？就是缺乏自信。过度自信不好，缺乏自信更不好。你自己知道你很努力，也知道自己不输任何人，可你就是不想想自己差那一点儿是什么！"顺江被孙经理阴一下晴一下地搞蒙了，张了张嘴却说不出话。

“顺江啊，你们刚刚走出校门，工作对你们是新课题。几个月的试用期都不能用好走完，你的自信在哪里？你记住，没有什么事是你一努力一奋斗就必须立刻回报你的，有时候我们还要付出耐心和毅力。你知道吗？你那个突然不签的客户是被你的服务感动回来的，而这种感动转化为成效是需要时间和过程的，也需要你做后续工作的。你被挫败所吓倒，就在那里自怨自艾，能带来什么？”

顺江似乎明白了，他涨红了脸问：“给客户发邮件的人是您？”原来，那位推荐了新客户的没签约客户说过，他因为找到了价格更便宜的关系户所以没和顺江签，可顺江在知道已经签不成的情况下，还给他的方案找出漏洞发了邮件，所以他倍受感动。顺江还琢磨呢，自己没发过邮件呀，那份找漏洞的方案被自己当时一生气扔进纸篓里了。现在，顺江终于明白了。

他感激的话没出口，孙经理就乐了：“行了，我也是那会儿过来的。下次你可要记住了，坚持不懈和完整服务，就是拿住客户的基本功。就差那一哆嗦，你可能就与机遇错过了。”

先结婚后恋爱，幸福的也很多

刚刚步入社会，对于职业的选择往往是处在被选择的状态，很难从容去选择自己喜欢的事情。

一次招聘过后，某领导亲戚家的女儿来应聘。这是政治压力，用也要用，不用也得用。小姑娘迷恋日本动漫，为此大学专修的日语。可是，毕竟没有那样的语言环境，毕业后选择工作，坚持了半年要到能用到日语的企业，可都因为自己的语言条件不够而失败了。

最终在妈妈的威逼利诱下，她勉强同意到一家与日语无关的企业工作。刚好我们公司招聘，又有老板的关系，当然就来了。为此，老板特别嘱咐，要我从旁观察多做工作。

小姑娘刚来的时候非常不情愿，因此工作起来总是觉得不开心。做业务时出不了单，调到后勤部门又被投诉做事太慢。才工作了三个月，小姑娘回家就对妈妈说不干了。老板找到我，让我帮忙谈一谈。

小姑娘见我没二话，就是一个——不喜欢。而且，人家道理还讲得挺响亮，一个人做喜欢的事挣得少也开心，再辛苦也不怕；做不喜欢的事，再清闲也不愿意，挣大钱也不开心。

我对她说：“你话讲得挺有志气。那这样，你从家里搬出去吧。”她看着我发愣，老板更是脸如茄子色。

我不管他们什么反应，继续讲道：“你自己解决自己的衣食住行，完全不要依靠家人，那你选择做什么他们也就没权利管了。你喜欢日企不是吗？自己去应聘，成了就成了，败了也怨不着谁！”

老板带着责怪又略显紧张的目光看着我，小姑娘咬着嘴唇半天才出声：“我再在公司试一段吧，不行再说。”

如今，小姑娘已经在公司做了整整一年。刚开始大家都不喜欢她，因为她不专心做事，总是犯低级错误。现在，她已经是经理的好帮手了，受到了公司的表扬，还交到了一群年龄相近的朋友。

新年时发过节费，我问小姑娘：“你什么时候喜欢上现在的工作了？”小姑娘甜甜一笑：“我还是喜欢日语，我通过业余时间帮人家翻译资料来提高，还在网上认识了许多日本回来的朋友。至于去不去日企已经不重要了。现在我的工作干得也不错，领导重视最重要。”

看，我们找工作不能光凭喜好，还要清楚自己是几斤几两棉，当下能纺多少线，这样才能把握住稍纵即逝的机会。

其实，许多时候我们与工作都是先结婚后谈恋爱的。比方说同事大江，三年前大学毕业，学的是计算机专业。本是想做相关工作的，可是一应聘，发现学计算机的比学会计的还多。

几个月下来，喜欢的工作没找到，倒是被我们公司通知来做行政。这一步跨出去，离本专业差出去了十万八千里，可大江见工作不好找，也只能先就业再说。

来到公司他发现，公司网络部五个专业工程师全是在大公司工作过三年以上的。他私下对同事讲，要是当时非进网络部，恐怕现在还在找工作呢。

在公司的两年多时间里，大江工作特别勤奋。不管是采买办公用品，还是为新公司做开业准备，他都任劳任怨，埋头做事。特别是他还有专业特长，公司外埠分支机构开业，他去了，连行政的开业准备，带网络布线机器调试一人全包了。

这可是让公司占便宜的事，请他一个，等于用了两个，还不用给双工资。哪个企业不爱用能力范围广、人力成本低的人呀？大江当然就如鱼得水啦！

到后来，在公司里大家也乐于让他帮助解决网络问题。谁的电脑出故障了，找网络部要排队，赶上公司事情多，你这电脑故障的小事就等去吧！找大江就不一样了，只要他有空马上就解决，没时间，下班也会跑来给你处理好。如此一来，大家觉得公司里可以三天没有总经理，但大江要三天不在，那就别提多别扭了。

这不，今年大江就当上行政主管了，谁让人家有一技之长呢！虽说转了一圈儿，可最后不光干了自己喜欢的工作，还因此受益了。

人在初入社会时，不能以喜欢与否决定加入哪个企业，因为你喜欢的未必适合你。即便适合你，也不一定正好有机会。不妨改变思路，先就业再择业，踏实做好现有的工作，为将来选择喜欢的工作创造机会。

跟工作死磕

行走职场极少有一帆风顺的人，哪个成功抑或是胜出的人，都必是要经过许多折磨历练的。在职场之上，拼的不光是能力、资历、学历，更多时候拼的是一股屡仆屡起的耐力。

我们可能有十分的能力，却时常在历练的阶段倒下，失去了胜出的机会。抱怨他人、责怪机遇是常态，而究其本源，实在是因为少了一份坚韧的耐力。许多时候，越是企业要重用你时，越是企业给你难题的时候。我们如果不能勇敢面对，并在测试中胜出，真正失去的不是简单的一个机会，而是我们自己在职场上的意义与价值。

爱上一份工作好难

爱上一个人需要经过认识、了解、熟悉、相爱的漫长过程，最终才能走向结合。而工作就不可能有那么充裕的时间让你去慢慢体会了。更多的时候我们都是企业能要就激动不已地先进去，进了门还要看哪个岗位人家看着自己适合，通知你干就心中窃喜了。哪有可能先确定喜好，再选择干什么呢！

同学中杨子是最幸运的，进了我们都羡慕的部委，可一年后我们才知道他是秘书处干事，所做的工作根本就和他的喜好相差十万八千里。而且，机关里的调整空间小，他一干就是五年，真把个帅小伙干得头发花白了。

杨子自己说："我这白头发不是因为老了，也不是少白头，是被工作折磨的。可我真没勇气换地儿，更没本事巴结上司给挪。再说了，挪了就好啦？所以，忍着吧！"干到现在，因为厌倦这份工作，杨子每天的状态基本属于"混"，争取退休前混个副处光荣回家。

小燕是唯一一个毕业就进了外企的，我们都觉得她应该最顺心，可聚会时她的牢骚比谁都多。小燕委屈的是，自己当初进公司是因为公司够大够有实力，工资也格外诱人，可真进去了才知道就维修中心的库房有位置，所以只好当了仓库管理员。这可让她委屈死了。整天把东西统计来统计去，还要不停地穿梭在又黑又潮的库房里，对于美丽的班花来说真是痛苦至极。

忍了两年，小燕实在受不了了，听说市场部是美差，就托人送礼转岗了。结果去了之后才发现,比库管辛苦不说，还有巨大的任务压力，小燕后悔得肠子都青了。不到半年的时间，她提出了辞职，之后差不多每年转一次行，到现在落得在一家珠宝公司做商场销售员。

当初毕业时最不起眼的秀，分配的地方我们都记不清了，后来听说她到上市公司做了老总，这可是太出人意料了。和秀聊天才知道，毕业时她进的是一家小公司，做的是秘书工作，整天就是写公文打报告发传真接快件什么的。可是秀非常踏实，她觉得自己学习成绩不是特别好，又没有什么关系可以帮忙，不如踏实做好得之不易的工作。

要说秘书这活儿绝对是非常琐碎的，端茶倒水打杂跑腿样样都得做，还要做考勤、算工资，兼行政收发、办公用品领用。可秀一点儿没放松。秀说："干什么都是干，只要你想明白，高兴也是上一天班，不高兴也是上一天班，就会开开心心地做那些你不喜欢的事了。"

秀在公司做了七八年，之后因为又懂行政又懂人事，被一家中型企业挖过去做了办公室主任。秀说："人家就是觉得请我成本低。因为我是秘书转过来的，比别的有资历的人要的工资低。"

三年后，企业获得了资金支持，扩大了好几倍，秀也升任人力资源总监。我问秀："你怎么干到人力资源去了？转得够远的。"秀说："这有什么？干什么都一样，只要用心干，都能有发展。"

前年，秀被现在的公司高薪聘为主管人事行政的副总，我们大家除了惊讶与羡慕，还有强烈的好奇。

在我们向秀取经的时候，得到的答案竟然简单得让人不敢相信。秀羞涩地摆弄着手里的小包，轻言细语地告诉我们这些痴痴等待答案的家伙："没有捷径，也没有什么神奇的，就是你对工作要不挑不拣地接受，然后发自内心地喜欢，最终达到爱得无怨无悔，爱到付出所有。"

忘了是哪首歌唱过：爱一个人好难。其实，爱一项工作更难，我们需要更多的包容性与适应性。我们甚至不能选择，不能挑剔。那么，就先努力接受吧——快乐的日子比郁闷的日子好过——然后再通过发自内心的喜爱走向事业的巅峰。

给别人留条路，给自己一片天

公司招聘常常是一批同时录用几个人，同时进来的人有时会很亲，有时会比较对立。亲的原因不外乎大家同时来，感觉像是大学同期生一样。而对立的原因，多半是录用的岗位需要通过竞争才能获得，抑或是谁试用评价好谁的职位会好一点。

小吴和伟锋同时进入公司，两个人同龄，有着类似的工作经历，而且都是应聘企划部的设计岗位。刚入职时，两个人关系不错，因为同时来，又在一个部门。

有一天部门经理无意中说到，其实企划部要一名设计就够了。小吴和伟锋听了，互相看了一眼，谁都知道这意味着最终要二取一。大家都是打工的，找一份大公司的工作不容易。

刚好赶上公司和某机构搞一次大型活动，部里要求小吴和伟锋设计全部的会场宣传图片、易拉宝、公司宣传手册。两个人一商量，小吴就把设计手册和联系印刷的事交给了伟锋，自己埋头做易拉宝和宣传图片。

三天后，经理来要小样儿，小吴赶紧抱着资料过去汇报。这时伟锋正在外边谈印刷的事，就打电话给小吴，让他拿着自己设计的手册代自己汇报。小吴找到伟锋的设计，翻开一看，三个版本个个漂亮，再看自己的似乎就差了一截儿。他抱着两套方案发愣的当口，经理打电话来催了。小吴心里挣扎着，是不是找个理由拖一会儿，把自己的设计改动一下再过去呢？

走到经理室门口他还琢磨呢，要是说自己设计得不好吧，肯定会影响将来的试用评价，也就会导致自己的离开。要是把伟锋的放下不管，可人家嘱咐了让帮忙，这么放下说不过去。

就这样纠结着，他进了办公室，边介绍自己的设计边斗争。不过，最终他还是把伟锋的设计交给了经理。虽说不乐意，可他还是中肯地说，伟锋的设计比自己的更能体现公司这次活动的主题。

活动结束后，经理找到他们两个，先说伟锋的设计得到了集团的认可，打算用这个设计换掉原来的宣传册。临结束，经理笑着告诉伟锋，他因为设计出色提前转正了。

小吴心里后悔呀，自己当时完全可以不把伟锋的稿交上去的。可以找个借口，利用一下他的设计，改好自己的再交。现在说什么也晚了，这次算是栽到自己手里了。出门时，经理把小吴留下了，翻出一页纸后通知他，因为集团的商城事业部需要一位设计师，他试用期表现得踏实敬业，所以正式调他过去任职。

小吴有些不相信，怯生生地问："我的设计不如伟锋呀，公司不是就用一个设计师吗？"经理大笑道："这边是用一个，可别的分公司还要啊！要不我们培养两个设计师干什么？"

小吴出门后又高兴又后怕，幸亏自己没被小心眼儿左右了，要不这机会能是自己的吗？小吴到人事部做转岗手续时，还问我："公司觉得我可以吗？"我悄悄告诉他："你们经理说了，你能够同行不相欺，还夸奖别人的设计比自己的好，这是难得的职业精神。所以，你当然没问题了。"

小吴脸一红，告诉了我他当时的想法。我安慰他，谁在机会面前都会纠结，但只要最终选择了正确的就是好同事。小吴高兴地去商城部上班了，我们现在仍然是很好的朋友。

小敏他们一批四个人到公司报到，当时公司决定新开两个营业厅，四个人是为新厅招聘的预备人员。到岗当天，我安排他们全体在旗舰厅实习，由公司派的许春蕾带教。

四个人每天上午学习公司章程制度，下午到厅里实践。这天早上，小敏一边帮我整理学习资料一边说："您看，您这么忙这小邵也不见影子，真是没眼力见儿。"我看看她，又抬眼望了一下，果然和她一起学习的小邵不知去向了。

这天下午实习的时候，春蕾到办公室就唠叨："四个新人里就小敏一个人能帮上点儿忙，那个小邵老是找不到人，另外两个也不勤快。"

我让她仔细讲讲怎么回事，她一脸不高兴地说，几个小家伙不管干什么，都是小敏主动帮忙，另外几个不知道怎么回事，老爱往别处跑，回来一问还赖人家小敏。

这天上班，因为要赶着交报告，我早早到了公司，快到门口时听见里面有人说："你去买早点吧，我出钱。"另一个说："老让你请客多不好，今天我请你，你去吧。"我听出前一个是小敏。

"不用，这打扫卫生的活儿适合女生，你是男生就辛苦些干跑腿儿的事吧！呵呵！"笑嘻嘻地出门的是小邵。

我转身进去，小敏正转身去水房打水。我进了办公室还没坐稳，小敏探头进来："您来啦？我给您沏茶去。"我叫住她："不用了，一会儿我自己弄就好。你每天都这么早，真勤快。"

"我不是最早的，小邵更早呢！"她笑着站在门口说，"不过，他来了就跑出去了，也不知道干什么去了。男生就是不勤快，还贪玩儿。"我愣愣地看着她，小邵不是让她支出去买早点了吗？可我没说话，她依旧笑嘻嘻地看着我。

试用中评时，小敏被中止试用，她哭得眼睛通红地坐在我对面。我又是心疼又是生气，这么聪明伶俐的孩子，为什么对别人那么不包容呢？我问她知道为什么停止试用吗？她摇摇头。

我严肃地对她讲："抓住机会没错，但要靠实力而不是心机。"

她脸腾地红了。不过，离开前她还是对我说了心里话，她觉得小邵专业水平最高，实习的时候表现得比自己出色，她怕最后被淘汰掉才这样做的。

机会面前人人都会努力，但人与人之间应是合作关系，而不是相互拆台。企业是人的集合，不是人与人的战场。实习期都不能宽容对待同事，那样的人企业是不会任用的。

强将可能惯出弱兵

可能不少人认为，对于人力资源部门来说，把人招进来了，给需要的部门分配下去，就算完成了工作。可是，真正的招聘并不是那么简单。

还是在某房地产公司负责人事工作时，年底为公司优秀新人做个人评价，我找到了西北区的赵玲——她是来公司不足半年的新人，工作成绩名列全公司第十五位，进入了优秀新人榜。我对她的印象是，有活力，有冲劲儿，为人热诚直率。

我们谈话时她竟然对我说，明年想换个区工作。

这让我很吃惊：干得不错，为什么要换区？我很不客气地对她说："你在这里取得了成绩，明年却要换到别的区工作，你不觉得有愧于马经理对你的培养吗？"

赵玲真诚地点头说："觉得。"不等我问她又说："可我再不换环境，也就没有前途了。"

马经理是位非常出色的区域经理，做管理事必躬亲，对业务样样精通。也正是这样，她手下的员工不管做什么，她都不辞辛苦地指导帮教。特别是出方案和与客户谈合同时，她都要参与进去,一方面是怕员工出问题,另一方面也好现场把关,做到心中有数。

赵玲要离开,也正是这个原因。她觉得,马经理太强了,她的区域里没有哪个员工能独立完成业务。

当真是一语中的。我一直还在琢磨，马经理那么出色，为什么她部门的人都不强呢？原来，一个人太强了，处处都表现出来，就无法留住像赵玲这样想学习、求发展的新人了。

无独有偶，2008年的时候，公司安排我内部培养或招聘一位在人力资源方面有潜质的新人。这个用意太明显了,就是给我的提升铺平道路嘛!

招聘很顺利，一位有着三年人事工作经验、在中型企业里做过全面工作的硕士生小建被我录用了。另一位，在我部门里工作了两年的小姑娘丽丽，也作为培养对象被确定了下来。

为了自己也为了他们，我可谓全力以赴。不管是做年度计划还是出培训方案，不管是各类流程还是细节实施方案，我都手把手教他们。两个人也真是不负我，学得格外用功。

半年时间过去了，公司老总亲自和他们进行了交流，结果出乎我的预料：老总最后认为他们两个全不成。我当时委屈得差点儿哭出来。

事后，老总请我喝茶，问我为什么一个人都没带出来？我半是解释半是负气地说："可能是领导的期望值太高了。您看小建多有能力呀，学什么会什么，做事又稳妥全面。丽丽对公司忠诚，对业务熟练。我觉得他们都不差。"

老总微笑着对我说："你呀，我没让你复制一个你，可也不能用一些只会按照别人的安排做事、不能独自思考的人呀！"我愣了一下，老总接着说："你看，你什么都替他们做好了，年度计划你写，培训课程你设计，主力课程你讲，连年度人员分析图表你都做好了让他们填，招聘稿子都是你写的模板。你想，要是你不管这里了，他们自己会做什么呢？"

老总说得没错。就是因为怕他们出错，我把这些都做了，真没想过我不管了他们怎么做呢。不过我嘴上不服："我又不离开公司，他们不会的还可以问我嘛！"老总严肃起来："那你万一离开公司，公司就不运营了吗？"我彻底傻了。

回去后，我让小建和丽丽每人写一份假设的年度人力资源工作计划书，再出一份初级员培训 PPT，并制作一份企业人均贡献率计算表给我。三天后，我收到了他们的作业，结果让我吃惊，两个人做得都非常用心，却都非常差。原来，我培养了两名只会服从不会独立操作的人。半年时间，我用心去培养，可从根本上就用错了方法——我只是在给自己培训两名助手，而不是给公司培养人力资源负责人！

那次，我没有被提升。真正使我错过机会的不是公司，也不是谁从中作梗，而是我自己！是我自己不知道，培养新人应该是允许他们做，更允许他们出错的过程。一个人自己再强，也不如培养出一支过硬团队对企业有意义。

给人发奖不是件容易事

公司组织优秀员工去云南旅游，按说这是一件高兴的事，可对于组织这项工作的小胡来说，却怎么也高兴不起来。

刚发奖的时候小胡还挺高兴。大家有羡慕的、有开心的、有眼馋的、有得意的，遇到小胡都问：“哎，什么时候出发呀？”还没等小胡准备停当呢，问题就接踵而来。

先是销售四部的小林追着问：“这次的业绩算得不对吧？我怎么觉得我也有资格呀？”小胡一听就慌了，要是漏算一个可全是他的责任！

守着电脑加班到晚上十一点，发现小林实在是与第三名差着一万出头的业绩，赶紧打电话告知。小林半天不说话，小胡以为他没听明白，又仔细认真地解释了一番，结果小林说了句：“不就差那点儿嘛，好几十万呢，谁细看？你松松手就得了，真较真儿！”没等小胡张嘴人家挂了。小胡冲着电话犯了一分钟愣。

这边还没回过神儿来，获奖的梅又找上门儿了：“我去过云南三趟，你看让我三姨替我去行吗？”边说，还边冲小胡眨眼睛。

梅的眼睛是公司里出了名的“电眼”，跟小胡最喜欢的明星赵薇一样。处于半晕状态的小胡，赶紧收收神儿，脸色绯红地告诉梅：“这，这不好办呀！一批全是公司的人，冒出个谁都不认识的怎么行？”

梅不甘心，又靠近小胡三十厘米：“大家都是各部来的，也不是特别熟，你不说漏不了。帮帮忙吧，回头我好好谢你！”小胡向后撤退一米，心中默念着新婚妻子的名字说：“真不成。要不你和老总商量商量，他答应我没意见。”梅甩给小胡一对超级卫生球眼，嘟嘟囔囔地走了。小胡抹抹脑门的汗，半天想不起要干什么。

眼看要订机票了，业务操作部的铁哥们儿刘明请小胡吃饭。小胡一想：正好在饭桌上和哥们儿诉诉苦，特痛快就答应了。晚上在烤翅店里，一瓶“牛二”刚喝第一口，小胡就叹上气了：“你们这些得奖的人真厉害，我都服了……”不等小胡说完，刘明接上话了：“哥们儿，你们办公室的人特别较真儿。我们做业务多不容易呀，好容易得个小奖谁不想玩高兴了呀！我新交那女朋友特想和我一起去。这可关系到哥们儿的一生幸福，你看能不能帮上忙？”

小胡这酒喝出了一股怪味儿，今天的鸡翅也好像烤得过火了。刘明继续说道：“你倒说话呀！你别跟别人说，我自己掏钱，保证不占公家便宜！”小胡脸上都是痛苦的表情：“哥们儿，你到那边有女朋友陪着，别人不可能不知道。

这次旅行都不带家属，你这么整，我多为难呀！”刘明一撂酒杯子：“哥们儿，我让她跟我不拉手、不并列行吗？”一顿饭剩下的时间小胡再也没张嘴，出门时刘明扔下一句话：“官当得还不大呢就不仗义了。”小胡对着树坑吐了二十分钟。

再加上操作部的张琴，她想请小胡把旅行的时间往后挪挪。业务六部王伟找小胡私下聊，说是出门旅游要花钱，不如留在北京挣钱，干脆他就不去了，旅费给折现吧。

前后不到两周，把个小胡折腾得晕头转向，回家一称居然瘦了三斤。同办公室的小云特羡慕地问：“胡哥，你是怎么减肥的？教教人家嘛！”不过，小胡的底线始终没有被突破，出发当天小胡率队到了机场，一切都按照计划进行。

刘明的女友在小胡的电话攻势下让步了，小林在小胡坚持不懈的谈话下表示明年再努力争取拿大奖，梅的三姨下次有机会去云南小胡答应找人给优惠……

飞机起飞前，小胡发来短信：干什么都不容易，没想到发个奖也让我感觉到了成长与锻炼。

虞娜娜“升职”记

从江西分公司刚刚调回北京三个月，虞娜娜悄悄地跑进我的办公室，神秘兮兮地打听：“哎，听说公司这轮上调集团的名单出来了，你收到了吗？”看她那诡秘的样子，我笑话她：“傻样儿，你也想上调呀？”

娜娜摇摇头，又点点头，搞得我如堕五里雾中。她压低声音对我说：“你知道吗？这次上调的人员都给期权的，而且优先考虑外埠回来的高管。”我拍拍她说：“该有谁就有谁，你就别打听了，只要好好做自己的事就成了。”

其实，作为总经理助理，我对情况还是略知一二的。可是，毕竟这是公司的最高机密，虽然娜娜和我关系最近，我也只好咬牙闭上嘴。不过，我心里很安慰，因为第一批的大名单里有娜娜，毕竟她作为分公司老总为公司立功不小。这样我也不用为她担心了。

没过几天，公司里的人事主管赵杰跑来找我，说是年初和娜娜一起调回公司的刘平，从客户那里要好处。

这可是犯公司大忌的事，以刘平的资历，实在不该呀！我赶紧问赵杰有什么证据吗？赵杰说，这样的事轻易是找不出证据的，只是有员工反映，让我注意和孙总通个气儿。

我追问下去，才知道是一些人在传这样的说法，至于到底有没有这事，并没有调查。我嘱咐赵杰要多留心，没证据不要乱传。

上个月的一天，娜娜特别紧张地悄悄约我出去吃饭。席间，对我保密大名单之举颇为不满，鼓着嘴呼着气说："我们是好朋友，你告诉我又怎么了？我也好早有准备。现在倒好，我被挤在名单外面，还是别人告诉我的，你太不仗义了。"

这叫什么事呀？我站起身来说："娜娜，我们是多年的好友，我不会对不起你。可是，公司的大名单是保密的，如果我告诉了其中的任何人都是失职。"看她还要叫，我挡住了："你不用说了。如果今天这顿饭就是为了确认名单里有你，那我要告诉你，你才真的不够朋友。不要说大名单是不确定的，就算是确定的，我也不会告诉你。你是朋友，更应该支持我坚持原则。"

上周，公司上调集团的最终名单下来了，我从头到尾找了三遍，愣是没有虞娜娜。我真傻了，明明大名单里有的，为什么现在没了呢？

等到晚上人走得差不多了，仗着是孙总的助理，我怯怯地挪进他的办公室。孙总见我欲语又止，笑着问："给好朋友说情来了？"被他一语道破心思，我更不好意思起来。

孙总表情转为严肃，说："其实，你是知道的，公司非常肯定她的工作，第一批名单就有她。可是，你知道吗？年初虞娜娜闹着回京，就是听说今年集团要从回京人员里调人过去，把一个分公司就那么匆忙地扔下了。而且，回京后她不安心工作，四处打听名单里有谁，还买通赵杰传竞争对手刘平的谣言。真正把她剔除出名单的，不是别人，是她自己。”

离开，是为了更好时回来

公司第二批裁员名单下来了，里面有熟悉的名字，还有留下人的心酸和不忍。2008 年，一场源自美国的声势浩大的金融风暴，本以为离我们好遥远，那些华尔街精英们的迷茫，与我们根本扯不上关系，却在裁员的那一刻，在地球的这一头，让我们感受到了风暴的猛烈。

公司还是蛮人性的，超过四十岁的都没有裁掉，也许是考虑到他们找工作已经不太容易吧。旁边的人事处，几位专员加上总监的办公室人来人往，每个进出的人都表情严峻。

计财的大刘、丫丫走了，路过门口时脸上都使劲挤出个笑容。那一句“再见”，听了让人心痛。管理部的江月、涂灵、小希走了，听见两个哄着一个的低语，还有小希使劲忍着的抽泣。还有，行政处小辛走了，网络室强子、刘齐齐走了，司机班张师傅、赵师傅走了……

一个个人从门边经过，有的很气愤，有的很无辜，有的伤心不已，有的潇洒无畏。下班一个多小时了，人事总监老凯文和他的助手芳芳像跑了马拉松似的，摇摇晃晃踱出门口。一向是红光满面精神十足的总监，这几天脸色灰暗起来。虽然每次谈话，都是那么专业那么条理清楚，离开的人对他也无可挑剔，可这次的他居然眼眶发黑目光呆滞。

芳芳一贯骄傲昂着的头低垂着，路过门口时斜倚着门框说："姐，还没走呀，总见你在忙啊。"我告诉她："人少了工作没少，还是要做完的，不然回家睡不踏实。"

芳芳出神地望着桌上的仙人球，半天才说话："共事的时候不觉得，这几天每天谈四五个人的离职，我都要崩溃了。感觉自己砸碎了别人的饭碗，有种负罪感。"挪了一下身子她又说，"每天出来进去看您忙，我似乎又明白了，不管什么危机，干出色了怎么危险都有机会。"

老凯文锁好办公室也挤在我门口，眼镜在凹下去的眼眶上挂着："别太有压力了。知道我们是职业人，就得职业地做事。你看，公司裁员到现在，就像你说的，平日里最专业、最敬业、最职业的人是最安全的。"

第二天，所有离开的人在会议室里等待可能的转岗。只要有业务部门要，他们还有一次留下的机会。气氛压抑得让人窒息，不安的情绪开始悄悄蔓延。有人开始抱怨，有人开始低声骂街，还有人愤愤不平。

集团总经理马克突然出现在门口，我们都担心离职人员的不满情绪会发泄到他身上。只见马克平静地大步走到会议室前面，对着离开的员工深深地一躬到膝，用他浑厚的声音说：“你们的离开是我最大的失败，因为企业在我手里遇到了这场危机，而我无力将你们全部带到安全地带。我要感谢你们在公司时的努力和付出，更要感谢你们在企业困难时的牺牲和奉献。如果，你们相信我，相信这场危机会过去，那么我给你们一个承诺，有一天云开雾散的时候，我请你们回来，好吗？”

安静，整个房间里落根针都能听见。终于，坐在前排的小希怯怯地开口了：“我很爱这个公司，也爱我的工作，可我知道现在这个时候公司是不得已放弃我的。我就想问您，您是认真的吗？如果公司好起来我真的可以回来吗？”

马克的声音洪亮、坚定：“请你相信我，我言出必践。公司是为了闯过危机才请你们暂时离开的，只要我们能渡过难关，只要我马克还在这里，我一定亲自请你们回来。”

远处的一个男声很高亢地问：“您亲自开车接我们吗？”马克从来严肃的脸上现出自信的笑：“好的，我亲自开咱们的班车把大家全接回来。”会议室里飘出轻松的笑声。

马克挥挥手说：“不过，如果我真的很不幸，没有把这条船撑到安全的地方，你们哪位要是发达了，有了好地方，肯不肯收留我给你们帮忙呀？”

“要！我们真有那么幸运，就请你去做总经理！”声音在办公区上空回旋，良久不曾散去。

大家离开时，马克在门口一个个地握手告别，坚强的他眼睛里有着点点泪光，却坚毅地微笑着送到最后一个人离开。马克对着我们留下的人，坚定地说："让我们一起坚持，让我们一起努力，为了这些离开的同人能够早日回来！"

管好自己那张嘴

年轻的时候喜欢随性发表内心的感受，高兴了仰脸大叫“我快乐”，受打击了垂头大吼“我郁闷”。在成长的过程中，我们总是相信自己是最本真的，所以自称这样的行为为“本色”。回首曾经，再看看身边的伙伴，真是爱也是“年轻”恨也是“年轻”。

方芳是个善解人意的小妹妹，在公司里和谁的关系都不错。特别是甜甜的江南口音，小巧玲珑的身材，让大家看见她，就想照顾她一下。可是，偏偏就是这个小可人儿，有个不太可人的习惯，她最喜欢和姐姐妹妹们说些道听途说的小道消息。

今天是谁干的事儿和她差不多，可奖金却拿得比她高了；明天是谁似乎和领导有点暧昧的关系，所以领导给的活儿轻松了；后天也许就会讲某同事中午吃饭去高档餐厅，他（她）那收入怎么支付得起……如此种种。

日子长了，本是非常照顾她的领导有意无意地提示警告她。可方芳却是改了初一改不了十五，过不了十天半个月就又开始小风徐徐吹，小话处处讲。

一次方芳和别人唠叨着说，公司好像要提拔某位同事做主管，人家问她哪里来的消息，方芳张嘴就说是听总经理和财务经理说的。消息很快传遍了公司，领导震怒，要求严查流言出处。结果方芳被揪了出来，先批评后降级，处理得着实不轻。

方芳委屈地找到直管经理："我又没瞎说，明明是路过财务室时听到的嘛！"经理狠狠地修理了她一顿，气哼哼地数落她："什么听说不听说的，以后没事别尽听说。人家说的你就听了一言半语的，到底啥意思你明白吗？不管好嘴巴乱传，这亏吃得是小的！"

在企业里和方芳一样的同事并不少。其实无非是看到或遇到一些事觉得不公平，或是不满意，一时不开心就说些牢骚话，站在朋友角度上看也正常。可是，站在企业角度上看这就是问题了，还是比较严重的问题。因为一个人发牢骚可能影响周边很多人，包括一些职位高的人，对于级别低于自己的人影响就更大了。

在我们周围，甚至有时就是我们自己，负气时说话容易偏激，对于事情的认识和态度就不够客观了。往往冷静时可以面对的事，因为一时激动就扩大化了，甚至造成人与人、部门与部门，甚至是企业管理层与被管理层之间的矛盾。

好友明明原来是企业里的优秀咨询顾问，后被提升为咨询主管，她说的一段往事教训非常深刻。那年明明被提升后，遇到了一系列的问题。一方面原来的同事变成了下级，大家不适应也不太配合；另一方面自己刚上任，希望获得领导支持，可偏偏赶上促销期，领导根本没时间理她。

明明在几次处理问题遇到挫折后，就开始说一些有怨气的话。开始是对以前的同事不配合发火，不管旁边是谁，张嘴就是："本来都是好朋友，现在做事故意不使劲，这不是拆台吗？看我提升有气，自己找领导也要求提升去！"结果，与下属的关系立刻变得紧张起来。

紧接着，有几次领导因各种原因，没能帮助她立即处理紧急发生的问题，她本就压抑的不满情绪一下子升上来，主观认为上级领导不支持她工作，说话办事开始明显表现出泄气。

一次处理完一件棘手的投诉，她顺嘴而出："我这是使唤丫头拿钥匙，管不了真事儿！"三个月下来，明明被分管副总请去谈话。原来，她的下级集体找人事部要求换领导，而在公司与她的直接上级沟通时，反映的情况也是说她做事态度比较消极。

明明委屈得当场落下眼泪，可是分管副总却非常严肃地说，主要问题在她。明明怎么也想不通。副总告诉她，在企业里不能像在学校里，想到什么就说什么，需要三思而后说。明明反问："难道非要说假话才对吗？"副总严肃地告诫她，说话思考不等于说假话，而是要考虑说话的对象和方式，是要更准确地表达自己的意思，与合适的人讲合适的话。

如今，明明作为企业的一名中层管理者，她最深切的感悟就是：说话是艺术，选择合适的对象，准确表达自己的意思，才是在企业里扮演好自己角色的最佳方式。

打开沟通之窗

小裴从参加工作开始就是个强势的人，干工作雷厉风行，办事果断坚决，几个单位领导评价他都会用上“有能力有执行力”的评语。

可是，小裴和同事的关系却一直比较紧张。坐在我对面的他紧锁着眉头，对于工作中别人的不配合既不理解又觉得委屈。我不由得问起小裴以前工作中的情况：“你在别的单位里，同事对你怎么评价你知道吗？”小裴想了想说：“不是太清楚，反正大家都是工作，我是职业人，工作上不谈什么近了远了，更无所谓什么好与坏。只要领导布置工作，我带着大家完成就是了。”

我理了一下思路又问他：“你在公司调了两次部门，都是什么原因呢？”小裴不自在地挪了一下身子，看我没有收回问题的意思，只好硬着头皮回答：“第一次是因为我管理经验少，带部门的效果不理想。领导找我谈，让我下一线学习锻炼后再上来。”小裴的脸渐渐红了起来，话音渐渐低了下去：“第二次是因为我的工作能力强，逐渐又走上了小组管理的位置。可员工不配合我，我让他们干什么事他们都抱怨。领导就和我谈，让我换岗再试试。”

我步步紧逼：“那现在呢？”小裴有点受不了，闪烁其词，想躲开问题。我马上补上一句：“既然谈就要彻底。你想我帮你吗？”小裴无奈地捋了捋头发：“现在的部门里，员工又是不服从管理的多了，事情传达几遍都不能顺利执行。我说他们几句，他们还动不动就找领导告我的状。”

他在偷偷看我的脸色。我没有直视他，而是看着他的手说：“请你用双手的食指比一个‘人’字给我看。”小裴莫名其妙地看了我一眼，见我非常认真，只好用手比画开了。我摇摇头：“不，我要看‘人’字，不是‘入’字。”

小裴瞪大眼睛使劲儿比画着伸到我面前：“是‘人’呀？您看！”我笑了，用手比了个“人”字给他：“你看，这才是给别人看的‘人’字。”小裴看看我的手，又看看他的手，恍然大悟道：“原来是这样。我光想比个‘人’字了，没想到您是坐在对面看反字儿的，在您的角度这就成了‘入’。”我用力点点头。

“小裴，这只是我在一次培训中遇到的简单测试，但它给了我许多启发。要想让别人配合你，就必须让对方明白你的意思。如果你要说的是‘人’，而你表达的是‘入’，对方是不会配合你的。你在这种情况下指责别人不理解你，不支持你，你觉得公平吗？”小裴听得非常专注，思索片刻对我说："可我如何让他们坐下来听我说呢？员工好像永远不愿意坐下来听你讲明白。"

"方法只有一个：真诚。要让对方理解你配合你，唯一的手段就是自己先打开心。上下级要沟通，平级要沟通，任何一次人与人之间的合作都离不开沟通。没有沟通的组织是没有执行力的组织，没有沟通的团队是不具备成长基因的团队。相信你的同事，只要你愿意敞开心扉，他们一定会支持你的。"我看着小裴有点怀疑的表情，给了他一个坚定的手势。

当小裴再次走进我的小茶室时，脸上表情阳光了许多。他边喝着茶边问我："您看，我们部门来了一位'空降'的主管，大家不太接受他，他对我这个管理者也比较戒备，是不是我们的沟通需要新的方式呢？"

我把茶倒进一个透明的杯子，说："小裴，只有这样你才能看清茶叶的形态和加水后的变化，对吗？"小裴笑着说："看来我的想法是对的，谢谢。"门口有人在叫："裴总呢？我找他有急事。"我抬了抬下巴："去吧，我的大领导，比总理还忙呢！"

小裴从主管到初级员工，再从初级员工到主管，又在几个岗位间转换了三轮，最终走上公司高级管理层的原因就在于，他不仅有着良好的专业素质、超强的执行力，更重要的是，他最终打开了人与人之间那扇沟通之窗。

刘备法则：弱将必须善用强兵

一般人都认为，一个能力强的管理者，他带出来的人一定会强。而在实际管理工作中，管理者未必一定是业务高手，更多时候他会是一个善于使用强者、长于协调关系、懂得激励团队、有创新能力的复合型人才。我称之为“刘备法则”。

小杰、小磊、大胖还有晔子大学毕业就到了公司，当时通讯业还处于寻呼时代，他们是大公司里的小业务。而我呢，是这个业务组的小头目。我和他们的关系亦师亦友。要说做业务的能力，我不如小杰硬朗，不如小磊有人缘；若论通讯专业水平，我不如大胖和晔子，人家是北邮的科班出身。

就是我这个弱将，带出了一队的强兵。出去谈客户小杰可谓所向披靡，小磊更是锁定客户的能手；如果是技术方面出现情况，我肯定要麻烦大胖或晔子上阵。那我是干什么的呢？我就是黏合剂。

知道自己各方面都不出色，可我更明白一个强手如云的团队，必须要靠凝聚力结合在一起，这样才能在商场上发挥最大能效。一群刚出校门的愣头青，加入团队时我看见他们就头疼。虽然理论和专业上都非常出色，可经验不足是制约团队发展的关键因素。

这几个小伙子没一个容易管的。其中城市大少小杰上班像去旅游，晃晃荡荡；调皮好动的小磊三天两头迟到；恋爱当中的晔子动不动就闹情绪；不安心本职工作的大胖更是边上班边灌磁带，天天想着当歌手。

面对如此复杂的局面，我先整顿队伍纪律。每天早上晨会晚上夕会，会上不说官话，就说谁哪里做得好，夸得小磊再不好意思迟到，讲得晔子情绪波动减小。再组织大家周末活动，爬山、唱歌、郊游……让他们过剩的精力得到宣泄。

起初，几个小家伙并不领情，不是不打招呼就缺席，就是人来了神儿不在。特别是未来明星大胖，晚上录了一宿的歌，白天总是像梦游。

我气得真想把他们全退回去，可我没有，那样做不就证明自己真的是个弱者了吗？于是，请教自己的老领导后，我开始每周确定两个谈话对象，挖出他们的爱好，谈出他们的心事。在外出跑业务时，每天跟一个人，让他们有问题当场解决掉，想躲都躲不开。

大胖爱唱，我就拉他为公司组织文艺活动，年会上他得了个头彩；小杰业务能力强，我就派他跑别人拿不下的区域，让他充分展现自己的才能；小磊客户掌握得好，我就让他协助我建立客户维护体系，回访方案和客服方案全让他做主；晔子爱得正浓，我就让他帮我给客户设计礼品卡，这被爱情滋润的人煽情水平就是高，做出来的卡别提多吸引人了。

半年时间，我这个弱将就拥有了一支强队。领导让交流管理经验时我问："刘备会什么？"大家笑着说："会哭。"我说："对了，他文不及诸葛，武不比关、张，可他却让这些人为他所用。一个管理者当然不能是个笨蛋，但也不一定要是个全才。管理者应该是让能人在你的管理下，开心地发挥自己能力的人。"

1998年秋天，公司新建营业厅，小红被任命为厅长。大家都说，就凭她也能管理一个营业厅？自己做业务还不怎么样呢，数字上又糊涂，算个报表半天也弄不出来，还管谁呀！还不是因为长得漂亮讨领导喜欢嘛！

上任一个月后，我偶然到她那里调货，只见他们营业厅到处都是气球。大厅的门上用彩喷画了许多花儿，柜台上放着一个彩纸做的抽奖箱。我问小红："怎么你们厅这么热闹？还抽奖？我们那边公司怎么没给弄呀？"

小红没说话，她的出纳小蕊抢着说："漂亮吗？这是我们头儿自己花钱弄的，我们大家吹得腮帮子疼。这些奖品是给每天前十个客户的，还有每天的营销第一名也可以抽奖。"

我真佩服这个说话都磕巴的小红，她肚子里都藏了什么点子啊！旁边的营业员斌子更是得意扬扬："怎么样，我们头儿厉害吧？我们这月都销了五百多了，你们差远了吧！"

这个说话笨、对数字迷糊的小红，就是用自己的亲和力和营销点子多，彻底征服了她的员工。以至于连续两个季度的营销冠军都产生在她那里，最终连别的部的强手都闹着要去她的厅工作呢。

问为什么，他们回答得非常简单：小红厅长特有意思，圣诞时组织"飞鹤计划"，在营业厅里挂了一千只纸鹤。叠鹤的过程让大家既开心又团结，布置好的营业厅又特别能留客户，所以他们硬是在淡季做出了旺季的业绩。新年小红厅长又搞了部门猜心活动，让大家边玩边讲出自己工作中的喜与忧。最可爱的是，她会让每个人找到自己擅长的事去做，不限制大家工作的内容。

我不得不佩服她。一个不擅长说话的人，让有能力营销的人站前台销售；一个不擅数字统计的人，让对数字清楚的人做报表。这样人人发挥自己的特长，又弥补了她的不足。短短三年，她培养的人个个出息，不是厅长就是部经理，而她成为比我高两级的领导。虽然常有人说她是靠运气和脸蛋成功的，而我更相信这是大智若愚的才气。

做人不要聪明过头

公司业务一部的主管沈鹏是有名的业务尖子，他带的队伍的业绩在四个业务团体里一直名列前茅。特别是近两年市场上升，他的表现就更加突出。公司里的人都知道，他是企业的重点培养对象。

从今年开始集团公司要控制费用，改原来的营销费用报销制度为预算审批核报制度，业务的交际应酬费再不像原来那样说多少就能报多少了。部里预算核多少，四个业务部等份一分，谁也别想再多要。

几个月下来，沈鹏就指着业务三部主管张运江的鼻子报怨开了。也难怪，每月报销日，别人都努力把预算给的额度报满，反正不报也不发给自己当奖金，不报白不报。可他张运江老是花多少报多少浪费资源，你说大家能不讨厌他吗？

再说了，你真用不完转让一下还送个人情呢，这业务营销上花费大还不正常吗？你一个人少报了，别人就显得多花了，你装什么大个儿的呀？

张运江看大家都反对自己，就问沈鹏自己该怎么办。沈鹏告诉他，你最好多找点儿吃饭、娱乐的发票，每月和大家一样把费用花满了。这样到了年底，集团领导就知道费用不够，明年的预算就能提上去。张运江不解地问：“给公司省钱他们还不高兴吗？为什么要多花了才好呢？”

沈鹏差点给他个大嘴巴，这人真够笨的，你不花钱就说明你能干啦？得花出去才说明你跑业务了，说明你营销了呢！最后他气愤地甩下一句：“你花不完给我，别冒傻气！”

要说机灵，还真是沈鹏脑子好用。公司费用堵死了，他并不担心。反正羊毛出在羊身上，他把本来就喜欢他的业务总监搞定，然后每月别的业务部花不完的费用他都用了，神不知鬼不觉，事后孝敬总监个数就 OK 了。

大家都奇怪，这预算制实施了，别的部门都拼命省，而沈鹏花销不见少，部门报销却不超支。这人要聪明就是好，最近沈鹏又想出了新办法，为了锁定渠道客户，公司会给一部分佣金，根据渠道商的销售量不同，分为四个等级。他为了费用宽裕，就和几家渠道客户商量，把十多家客户的销售量记在一家头上，这样就可以从公司要出特殊的高额返佣政策。小型渠道商们从中受益，但每次返佣必须再返还给沈鹏 1 至 2 个百分点，这样沈鹏的费用来源就更加灵活了。

这样做对于小渠道客户和沈鹏是双赢的办法，当然得到了几个客户的一致拥护，口头协议当时就敲定了。到了下半年，沈鹏的大渠道客户一下多了，小的逐步被淘汰。而沈鹏的手头也越来越宽裕，花销也越来越惊人。

到了九月份，集团突然派人进驻公司调取财务数据，说是阶段性审计。大家都觉得奇怪，公司每年都是年终审计，今年怎么半截儿就审上了呢？

正当审计进行得如火如荼的时候，业务蒸蒸日上的业务一组主管沈鹏突然提出了辞职。大家都有点儿摸不着头脑了，今年的怪事真是格外多呀！

沈鹏辞职没办完呢，集团 HR 总监先找到他谈话。公司里议论纷纷，说是沈鹏捅了大娄子。可这娄子是什么没人说得上来，传说了七八个版本，最终答案还是一纸通告给出来的：

集团通告

我公司业务主管沈鹏，利用职务之便侵占公司营销费用，通过不正当手段谋取个人利益，变相索要客户佣金挪为私用。为了严肃企业纪律，集团人力资源部决定，对沈鹏做出开除处理，限期一个月内退回不当所得，接受公司相关处罚。公司保留追究其法律责任的权利。

特此公告

站在公告板前，一位员工说了句话最经典：做人不能太聪明，聪明过头就是个傻子啊！

超级职位PK赛

公司负责人事行政的副总离职了，空出来的位子让几位有实力竞争的人跃跃欲试。员工们的观望热情被吊到了天花板上，大家都直着脖子瞪着眼儿等待这场 PK 的结果。

现任行政经理大刘是个强有力的竞争者，来公司时间仅次于元老级人物——总经理大人，从事行政工作多年，又有半年人事工作经验。最主要的是忠诚敬业，入职以来就没见过他迟到，也没见他违背过老总的指示。唯一的不足就是他喜欢对下级发经理脾气，说话喜欢用“× 总说了……”开头，群众基础差了一点点。

现任人事培训经理孙杰是另一有力竞争者，资历、能力暂且不说，光那神秘背景别人就不能小视。据小道消息传：该同事是董事长大人亲自介绍来的，好像当年老板下海时他就在其左右，转战到本行业他又被带进门来。平时，只要董事长大人到，他就鞍前马后地跑着，让大家强烈感觉他的来头不凡。

最后一个重量级选手是原副总的秘书小潘。要说这小子，真的是有点水平。办事利落，八面玲珑，对上面面俱到，对下亲切随和。三十挂零的岁数,跟随副总多年,还有名校本科学历,让他比另外两人多了专业与实践的筹码。但问题也就出在年轻和跟随上，公司任用一名人事行政副总，能不考虑其资历和公信力吗？再说了，秘书做得好只能说明你配合能力强，不能说明你有管理能力。特别是他一点儿背景都没有，纯粹是应聘进来的。

这些日子公司里各种议论满天飞，有人说见到大刘周末在总经理家附近出现，手里还提着好多东西。有人传前几天孙杰就放出风来，说是董事长特别关心提升副总这回事，还找他问过呢！最悬的是，财务大姐透露，小潘突然追求起了董事会某成员的千金，一位三十有七待字闺中的老姑娘。不说那姑娘大小潘七岁，就说这位帅哥已经名草有主，而且是鲜花级的女友啊！两人热恋五年不降温，马上就要洞房花烛啦！

不管议论如何精彩，这最后的结果还是要看公司的决定。奇怪的是两周过去了，没见领导们召见过任何一位可能的候选人。这与以往的情况可是大相径庭，从来都是有职位空缺了，凡是有可能接任的，领导都要进行谈话。重要岗位还要每人上交一份计划书，公司管理层讨论后发布任用决定。

这次好像没人管这事，老总、副总表情平静异常，董事会的人一个也没出现。反倒是三位有心竞争的人，像是世界大战即将来临，个个严阵以待。

大刘的笑脸已经普及到下级乃至下下级，孙杰的内幕消息从日日更新到了时时更新，小潘的爱情故事已经被他本人默认。同时，大刘还公布了孙杰根本就和董事长没关系，当初进公司只是因为董事长在某饭馆吃饭时觉得他服务出色，把他给挖过来做了采购员的爆炸性消息，以至于孙杰与他大吵三百回合，宣布保留控告其诽谤的权利。

乱归乱，公司全体会议在月底如期举行。由于本月业绩优异，市场销售部全体人员受到公司领导的大力表彰。同时，该部门经理还得到了一只精美的水晶奖杯，以及三千元部门奖励基金。最刺激的环节是总经理宣布新的人事行政部副总的产生：

“各位同事，经过公司考核、部门综合考评、专业论文评分，本着重能力重群众意见的原则，董事会全体成员一致通过，正式任命市场销售部经理助理王艳为公司人事行政副总。”

所有的眼睛都瞪到极限，所有的嘴巴都张到极限。

“这是一次破格提拔。小王在市场销售部的工作成绩是有目共睹的，在日常工作处理、组织协调、员工培训等各个方面，她都表现出了极高的水平。希望她在今后的工作中，能够更好地发挥，也希望大家能够支持她的工作。”

会场静默三分钟，接着爆发出雷鸣般的掌声。大多数人在意外的同时都感到欣喜，因为王艳正是大家心目中最合适的人选。

“70后”经理如何适应“80后”下属

公司为了提高服务水平，于春节后新组建了客户维护部。部里清一色十位“80后”小美女，都是专业院校出来不足两年。部门的经理是“70特别后”的管理人员，更是公司年度服务明星，绰号“微笑天使”的小娜。

部门建立了一个多月，小娜跑到我面前讲了一大堆故事。我理了一下，发现了几个有趣的特点。

先说这些小美女的思维吧。小娜自觉是新新一族，什么事都能够积极地面对，思考方式超级前卫。可等她遇上了这十个“80后”，忽然觉得自己不够新了，甚至觉得自己就像从前一直不喜欢的老同志。

部门设立后，小娜建立各项规章制度，小美女们可不是你说什么我们接受什么。第一次会议就成了“百鸭”论坛，小娜讲一条，十张小嘴就叽里呱啦抨击和篡改一条。等会议开完，小娜才发现制度被改得面目全非。这可和以前她被60年代的人管理不一样，领导发言大家都要严肃地洗耳恭听，怎么能说一条评一条呢？

接下来的工作中，类似情况几乎是天天发生。派下去的工作，小美女们总能用自己的想法去修改。开会也是“众议堂”，想让小美女们闭嘴，听完就执行，等于让公鸡下蛋。还有的小美女说，这叫用大脑做事。

考虑问题的方式更是让小娜哭笑不得。安排周末值班，人家会眼睛不眨脸不红地告诉你：“加班可以，不能影响我的感情生活。我男朋友需要我，这周我们要亲密一下。”下班前，会大胆地走到你面前说：“我妈来接我了，能让她坐我旁边等吗？”小娜苦笑着问：“这些孩子怎么回事？不懂什么叫不好意思。”听着，好像她有多老似的。原来是别人不理解她，现在轮到她不理解别人了。

再说个性。从前小娜可是最爱把“个性”这个词儿挂在嘴巴上，动不动就说年轻人不能没个性。现在可倒好，她被小美女们的个性给折腾惨了。

公司要求穿工装，深蓝色的西服套装，看着职业严谨。发下去没三天，小娜发现其中三位的工装和别人的不一样了，小腰掐进去了，西裤成大肥腿儿了，领子上更是各色漂亮别针的天地。还没等小娜问呢，小美女们已经七嘴八舌地解释上了：“既然是服务，就要让客户看着舒服。工装把我们身材都给淹没了，看着太没个性了。”“现在讲究个性化服务，把我们都模板化了，客户怎么会有特殊感受？更不可能对我们的服务有什么深刻印象。”“经理，您和我们应该没代沟吧？”得，小娜什么也别说了。

最让小娜头疼的是这些“80后”的情绪。热情来时，情绪高涨得吓你一跟头，仿佛世界上的任何事都不在话下。受到打击时，情绪可以在0.1秒内一落千丈，唉声叹气委靡不振，任你是劝是哄是说是骂，没一个星期绝对缓不过劲儿来。最可怕的是，不管是客户还是同事给点委屈，那痛苦的眼泪绝对能让林黛玉自叹不如。

折磨小娜的还有这些小美女们的爱情故事。关心员工是必须的，可员工的不确定性却是出乎预料的。今天还爱得死去活来，明天就打得鸡飞狗跳；刚还说失恋呢，明天就拉着新男友的手出了楼门。

小娜瘦了两圈的小脸告诉我，磨炼她的不仅是新的工作，更是与新新人类的思想碰撞，直碰得“微笑天使”眼冒金星儿。看来，这“70后”与“80后”之间的沟，不比当年“70后”藐视“60后”时的小呀！

小将大兵

随着时代的发展，新老交替是职场上必经的过程。如今，“80后”正以破竹之势，杀到职场的最前沿。在众多企业中，他们正逐渐成为中坚力量，以快速敏捷的思维方式，时时换代的知识更新，灵活迅捷的应变能力，拥抱变化多端的商场。

由此而产生的问题就来了，这新生代崛起，给老一代提出了新课题。很多部门管理层已经由新人出任，被管理者却是老同志，形成了大兵小将的格局。

2008 年初，由于公司业务扩展到外埠，出于管理需要建立了总公司。为了便于全面管理、精简机构，人事行政网络统一归口综合办公室。而在招聘和内部选拔上，经过我深思熟虑，办公室主任一职由原总经理助理小挺担任。

小挺是八四年的小同志，可综合能力比较强，又是金融专业的在读博士。同时，他在公司做领导的助理一年多，非常适合这个岗位。只是，另一个问题让我有些头痛。原来的人事行政部都是老同志，最小的也比小挺大上七八岁呢。

这个部门一成立问题就来了。不管是内调来的还是新招来的，加一块儿小挺是老幺。这次带新人，我可是给自己出了道大大的难题。一周工作下来，我这心提在嗓子眼儿上。别以为大兵小将就是个管理问题，更多的是心理问题。

大兵们个个都有经验有特长，那难题出起来让小将真恨自己晚生了好几年。小挺上任意气风发，第一次周会结束就蔫了半截儿："领导，我真知道什么叫考验了，就是把人架火上烤。"我知道一定是难题太多了，小博士有点儿晕。先是行政部，小挺安排他们出自己的条线管理规定，原部门主管脸一板："怎么出啊？有天津的有上海的有四川的有广东的，哪里的基本条件都不一样，你得让我去看一看，调查一下才能定。"

小挺问我："有这么出难题的吗？他们全体去走一圈儿，我这里还干工作不干啦？"我笑笑问："那你怎么说？"小挺眼睛一瞪："我说让当地的同事调查，你们做出条线管理制度。要都跑出去，当地的人干什么？"我笑出声来："人家一定回答你，那我定的不准确不合理的话，是赖当地的还是赖我？"小挺愣住了："您怎么知道？"

接着人事发难。外派人员的待遇，外派人员的考核，几个版本发上来都是关键点上标明：请主任酌定。而小挺提出的标准，人家又有理有据地给驳掉，然后再让他拿主意。

没回答小挺，我找到行政负责人，一句话，就是要无条件配合年轻人做管理。他要争辩，我拦住:“咱们都这把年纪了，不用解释也知道。年轻人总是要上来的，你拦得住今天拦得住明天吗？你拦得住人家长大拦得住自己老吗？”对方不吭气了。

再和人事专员谈话，我非常严肃地对他讲:“职场之上不能以年龄论长短，要以能力和潜力论是否适合企业需要。你在人事上强，就更该配合部门负责人，发挥自己的特长。你别扭我知道，可现在的管理要专业过硬，还要综合知识过硬。你是老人，更懂得什么才是企业需要的。”

虽然谈了，可小挺的管理还是在一步一坎坷中艰难进行。在这个过程中，我不能全管也不能不管，这个火候实在难拿捏。我的感觉就是，这大兵小将难受，我这个协调工作的更难受。可再难受也要受，因为团队的成长就是一个又一个新老交替的过程，逃避是解决不了问题的。一个不能吸收新鲜血液的企业，根本就谈不上发展。

小海是位标准的“80后”，在业务一线锻炼了两年，在外地公司磨炼了一年，去年公司任命他做了业务三部主管。从他上任我就发现他变化特别大，以前青涩的小脸儿绷起来了，总是乐呵呵的表情严肃起来了。特别是说话，原来跟蹦豆儿似的，自从升了职就开始慢半拍大喘气了。

找他聊天，掏了半天心窝儿他才说了真话。原来，他那个业务部六个业务员，四个比他大，小的两个也不过差几个月。他以前跟大家贫惯了，而且比他大的都拿他当小弟弟。突然当了头儿怕没有威严感，大家再又逗又闹的不利于管理，所以就先摆出领导的范儿来。

我笑着问他效果如何，他脸一苦差点儿滴下水来。看来这换脸色的办法不是太好。大家倒是真怕他了，就是都不太理他了。开会谁也不发言了，平时谁也不聊天了，下班都不肯跟他走一路了。我告诉他，就是发现大家都和他有距离了，我才找他来聊天的。

这下小海找到知音了，问我这位置该怎么摆？太随便了吧，这些大兵们都不拿他当回事，当着客户的面儿叫他外号，还随便开他的玩笑，整个拿他当娃娃逗；太严肃了吧，人家又躲着，还背后说自己一当官儿就摆臭架子。

这个问题还真是挺难办，我就拉着他一起想办法。我们假设他被一个原来在一起又玩又闹的伙伴管理了，这个家伙还比他小几岁，面对这样的情况，被管理的他会怎么想呢？

小海换位一想脑子就活泛了，一口气罗列出了若干个不适应。比方说：逗惯了怎么可能一下子就不逗了呢？你当官儿了我说话也要改吗？为什么你升上去了我没有呢？你当头儿我就不能开玩笑啦？小兄弟当领导了应该更随便，怎么能上来就端起来呢？……

我用本子记了半篇他还没说完呢。等他喘气儿的时候，我捧着本子给他看，他自己乐了。原来，当小将的手下真不容易，自己若是被一个小将领导，恐怕比现在那几个兵还难管。

我们列了个清单，按问题难度分类，把大兵的不适应做了排序。然后从最容易的下手，先处理掉前五个。比方说大家觉得你变脸了，那就团队活动时脸色不变，但要求大家对外时要适应你变。再有，开会时大家不尊重你的权威，那就会前五分钟自由讲话，随便开玩笑，会议开始就停止。如此这般，小海捧着走了。

一个月后，小海的团队已经非常稳定，大家也开始配合他做管理了。当然，时常还会有问题，那就需要不断调整了。

现在，公司“80后”管理者活跃在各个岗位上，他们都经历着大兵小将的实际问题。可时代不就是在新人艰难起步，老人虽退犹在的过程中进步的吗？只要合理调整好大家的心态，大兵小将的组合只会给双方带来更好的职业前景，更会给企业带来无穷益处。

当和曾经的上司成为平级的同事

开始和润共事是六年前的事了，那时候我是个初涉行业的门外汉，而润是我所在部门的经理。于是，我就成了润的小秘书，同时也受益于他的指导与培养。

我的事业之路颇为顺利，做秘书的日子里润对我格外关照，一方面教会了我许多专业知识，另一方面也教会了我综合管理的基本要求。在他的培养和我自己的努力下，我走上了管理岗位。而润呢，也因为管理能力突出一路直升到北京公司总经理。

许是机缘巧合，两年后我被集团任命为北京公司总经理助理，派回到润身边。两个人有着曾经的默契，又有着成长后的经验，在我们的通力配合下，企业越做越大，稳居北京同行业的前列。就在我考虑再上一层楼时，润告诉我心别太高，老板不喜欢的。这次我没有听润的话，而是继续努力，希望在副总竞聘时，能有机会获得成功。

结果，我莫名失利了。在还不懂得接受现实的情况下，我告别了热爱的企业，也告别了配合默契的润。离开的那天，是个四月的阴天，润请我一起共进告别午餐。我知道，润是不想让我走的，不仅因为工作上的默契，还因为他希望能保护我这个单身母亲。在我眼里，润是领导、是大哥，更像父亲。

世间的事情就像是一个圆。我在新公司发展得非常顺利，通过不懈的努力，终于走上了企业副总的岗位。就在我忙于工作的时候，公司聘用了曾经的上司润，我开心得就差跑上去拥抱他一下了。

润来了，我相信自己一定会做得更出色。因为曾经的默契，因为私交的密切。那个晚上，我与润坐在上岛咖啡的沙发上，长谈到深夜。我兴奋不已，润非常安详。

共事的日子过得飞快，一转眼润到公司半年了。我把椅子从桌子前转到柜子旁，又站起来转了两圈。最终，手指抓住了电话听筒，却又在犹豫中放下。

近半年了，我每次与润沟通都会出现问题，不是方案被对方否定却不讲原因，就是工作接触上对方莫名地大发脾气。几次组织公司活动中，作为运营副总的我和业务副总的润讨论方案时，都必须我让步才能达成一致。我很担心，继续这样下去会对工作不利，可我找不到原因。

随着时间的推移，我发现润对我有一种说不出的恨。任何事只要是我负责的，就一定要我亲自去办，否则就会愤怒不已。当我努力办事之后，润还会在大家面前指出我做得不到位的地方，或是他自己认为不满的地方。我委屈、心酸，实在不明白自己哪里做错了。思索始终没有答案。

在 MSN 上，我和润说：“中午一起吃饭吧？”十五分钟后，和润的对话框里闪烁着：“好的，还是上岛。”

对面的润依旧一派学者风度，明亮的镜片后，还是那双睿智的眼睛。我字斟句酌地开口了：“润，你觉得我们合作得愉快吗？”润不假思索地回答：“非常愉快。”我停了片刻又问：“你对我的工作有什么意见吗？”润摇摇头道：“没有，你很好。”

我审视着对方，润的眼睛没有直视我，而是向另一张桌子张望着。我抿了一口冒着热气的咖啡，语气平和地说：“不，我不这么觉得。我们现在的配合非常不好，你可以直接点儿和我谈谈吗？”润的脸色一变，又立刻恢复正常，向服务员要了我最喜欢的皮蛋粥，然后语调怪异地反问：“哪里不好？我想问你，你觉得哪儿不好？”我无辜地望着润说：“我想知道，所以才请你出来。”

润用一种嘲讽的目光看着我：“你现在的领导样子摆得太足了，找你办事你马上就推给别人了。”我愕然地注视着对方，委屈地辩解：“没有。我们配合工作没错，可是我不能事无巨细都自己办。有些小事我让下级办了，有什么你不满意可以找我嘛！我们之间不该计较这些吧？”润的脸立刻板了起来：“行了，少打官腔！不能用你了是吧？”

我吃惊地盯住润，这是曾经的他吗？那个呵护自己、照顾自己的父兄般的领导？看着润已经气得发白的脸，我似乎明白了什么。是呀！我曾经是他的秘书，一个需要他教诲需要他呵护的小女人，现在可以与之比肩了，可以独当一面了，润无法接受这个现实。

我不清楚自己是如何走出咖啡厅的，只知道当自己说："润，这是工作，你能不对我嚷吗？"对方已经是拍着桌子大吼："你少来这一套！给我脸子看，门儿也没有！"街上初春的风很凉很疾，独自向回公司的方向走着，我百思不得其解。一个可亲可近的、长辈一样的人，怎么就在下属成长起来之后不能容忍下属了呢？

我回顾着曾经，在一个女人最困难的时候，是润帮忙看房子、盯装修的；当一个女人在工作中受了委屈时，是润安慰鼓励的；当一个女人换了新公司遇到管理问题时，是润不厌其烦地指导帮助的。润没变，只是我变了，我成长了却没给润适应的机会和时间。想到这里，我抬起头，大厦已经在眼前了。我整理了一下被风吹乱的长发，坚定地走回了办公室。我告诉自己，要像当年润关心和理解自己一样，去理解和原谅对方。

人与人的相识、相交、相处是一种缘分，友谊的培养是非常难的，但破坏它却很容易。我将"宽容"、"理解"两个词写在了自己的日志上。

跳槽是个技术活

如今，“跳槽”成了个热门词，好像谁要在一家公司干了一辈子没跳过槽，就成了珍稀物种。其实，跳槽并不是适合每一个人，也不是在什么时候跳都会得到好的回报。跳槽应该看好自身条件，了解要跳过去的企业的情况，确信现有条件的确不符合自己的发展需求，确认未来机会大于现有机会，有这样一个完整思考缜密分析的过程。

任何一次清醒的跳，都可能带来一次快速的成长；任何一次盲目的跳，都可能将自己投入一个深不可测的陷阱，甚至可能是一次无法纠正的致命错误。

“跳”出来的烦恼

换工作前小健找我聊过，看他那兴奋劲儿我就知道劝也没用。想想人家是被挖的，又能挣高薪又能获得体面的高职位，我也就恭喜加鼓励了一番。

可一周前小健突然找我，不是吹新工作多棒、挣大钱多美，而是大倒苦水。这实在是在我意料之外，我也就无条件奉陪了。大家是好朋友，难时立即出现才够意思。

小健原来的公司不大，但效益不错。老板有点抠门儿，可挺重视小健的。用小健的话说：咱是真有本事给他练活，他当然捧着咱了！

今年年初，一家知名企业投资北京市场，人家热情地邀请小健参加了开业式。会后，那家公司的人力资源总监把小健叫到一边，真诚地说了句：“我们就需要你这样熟悉地区情况，又有实战能力的销售管理人才！”这样的暗示让小健的心怦怦跳了半天。

没过多久，小健和一位同行聊天，同行透露说那家公司在网罗人才。一个业务员就给三千的底薪，提成也比小健现在的公司高许多。小健想想，自己在公司奋斗了三年，说是销售部经理，可老板才给两千五的底薪，还不给任何补贴。一种不平衡的感觉油然而生，禁不住向那同行多打听了几句。

春节前，知名企业的人力总监打来电话，小健对对方的用意心知肚明，接下来就是双方三次交锋。小健知道，对方公司在南方很有名，实力是相当大，还是国外著名投资公司支持的企业。在北京的投资手笔之大，让其他公司眼红的同时也不停地喊“狼来了”。如果能加入这样的公司，自己可以上个大台阶不说，也不用再为涨个三百两百工资和老板怄气了。

当对方开价月薪八千，补贴两千时，小健的心彻底被俘虏了。可他还想再吊一下对方的胃口。最终，人家一顶北京公司销售总监的官帽，业务配置三十人的平台，让小健除了快签 Offer 什么也不想了。

春节后，小健辞掉了原来的工作，可真走时他忽然觉得那位胖胖的抠门老板也挺可爱的。毕竟当初自己什么也不是，是人家培养了自己，还把信任与发展的机会给了自己。临别时，小健请大家吃饭，老板说了句：“你是人才，到哪里都成。只是，在大企业里混不是件容易事，你保重吧。”

今天，坐在饭桌对面的小健忽然重复上了前老板话，我吃惊地望着他。小健举起酒杯告诉我，新加入的企业真是太大了，人家的总监全是“海归”、名校高材生，明明是对着一屋子中国人说话，可偏偏都讲英文。小健这成教大专生的英语水平，听字正腔圆的发音还一知半解呢，再听这流畅到绕口令一般的讲话，简直就是天书。

再说以前公司小，什么事都好沟通，真急了可以直接找老板办事，一个电话把老板从床上拎起来。到了大企业，别说老板，运营副总你见着都不容易，人家都是整日里满天飞的主儿。有什么方案计划要逐级上报，还要电子化办公，报告、方案、总结、计划统统电子版。光练打字就把小健给搞晕了，再加上讲方案时要用PPT，差点没把小健给急疯了。

去了三个月，工资是不少，可小健没一天十点以前回过家，周末也基本都搭进去了。老婆以为他风光了就有了外遇呢，差点儿跟他闹离婚。

原因嘛，就是不适应。人家都是快节奏，小健在小公司散漫惯了，早晨按时上班就是一关。再说，管的人多了事儿就多，不是处理业务难题就是处理人员关系。当然，给的薪水高了任务压力自然大，如何完成目标任务就成了他的每日债务。更有愁人的地方，那就是在这里什么都要统计汇报。晨会夕会电话会一个接一个，预算表计划表销售表一张接一张，他就是处于疲于应付的状态。

再就是人，这里的人水平高不高小健说他没感觉，但就是特别牛。每个人都有惊得你心跳的经历，不是在五百强做过经理，就是在华尔街有过发展。反正是见面风度翩翩，说话道貌岸然，就是没一个告诉你怎么工作的。

小健试着沟通交流，尝试融入人家的圈子，结果，总感觉自己被客气优雅地拒之门外。三个月了，小健感觉特别孤独，不明白的事问谁谁都是含笑告诉你："没问题，程序就是这样的，你慢慢就习惯了。"

对面的哭丧脸上，再也找不到当初容光焕发的模样。记忆里的小健是那么开心地说着未来蓝图：被优秀企业挖走，我真觉得自己特有成就感。这不是给多少钱的事，是价值感，你明白吗？在那样的平台上我可以大胆地发挥，可以操作更大的业务，可以充分展现自己。你知道吗？他们光我这一块的市场宣传就投五百万呀，我们以前那抠门儿老板一万广告费都舍不得呢！

我刚要说，你坚持一下，新企业需要你重新适应，不可能让企业来适应你，小健已经拍上桌子了："去他的，我真后悔离开以前的公司。以前最起码老板要哄着我干活，下边的人也要看我脸色干事。现在可好，总监倒真是总监了，可人家一个小兵都比我牛。干什么都别别扭扭的，我真受不了啦！"

现在，小健还在知名公司，只是越来越郁闷，还打电话让我帮他留意合适的单位。

跳槽季，你跳吗

临近年末的时候，人们似乎都开始变得浮躁。上周听说老同学嫌企业始终不肯重用自己，毅然放弃了现在的工作进入再就业行列。这周一就看见以前的培训班同学发来的邀请函，问我是否愿意和他们老总谈谈。我说自己没有变化的需求，人家笑我太古董，现在都是换不换的先谈着。

昨天表妹打来电话，美得像明天就要嫁个钻石男，告诉我她要去某知名企业做行政专员。我挺纳闷的，她所在的企业虽说不是什么大企业，可效益待遇都不错，好好的办公室主任不当跑去别处做什么专员。但表妹很坚决，以前的同事都在有名的企业做事，自己在小公司里太没面子了，就是当个老总都比人家的主管矮半截。

不管我懂不懂，世界就是这样变的。于是我开始关注周围的人们，看着同事同学朋友们在那里跳来跳去。

今天早晨和一位准备跳到我们公司的人谈话，我问他为什么选择在年底的时候换工作，对方回答："我们公司去年和今年的目标都没完成，我觉得企业不发展，待在里面浪费时间，也学不到什么东西。”

我又问：“你为什么不等发了年终奖再走呀？这样在年底换工作多亏呀！”小伙子爽朗地笑着说：“没什么，任务都没完成也发不了多少，还是提早动吧。也好更快地了解、融入新公司，明年才可能干个开门红呀！”

中午在楼下吃饭，正好遇到两个同是做人力资源的朋友，便凑过去聊起来。听他们说，他们所在的两家公司也有一些人在年底前离开。我问：“他们不计算损失吗？”两个人异口同声地回答我：“谁说年底换就一定会损失？”

房产公司的孙姐说：“年底跳槽的人就两种人，一种是干得太优秀了，别的企业来挖。这种人不用担心损失，对方一定会给出极具诱惑的工资和够高的职位，有些还送上股票期权呢！”我频频点头，孙姐接着说，“另一种就是公司不看好他或是他不看好公司的，反正双方互相都不太喜欢，等到年底也不会有好的收益。再等明年只要有人替就注定要离开，不如早点下手换地方啦！”

银行的小赵接茬儿道：“不对，我们这儿还有一种，本来想图银行稳定，可来了才知道压力比别的地方不但不小，还大得邪乎。混到年底一评级，什么也不是。反正留下也是被淘汰，不如主动离开。”“对，对，还有一种就是被淘汰下来的人。”孙姐表示赞同。

我听了他们说的，似乎明白了，又似乎更糊涂了："现在的年轻人有勇气不说，连四五十岁的都挺有魄力，真是时代不同了。过去大家都选择春节后跳槽，主要就是降低损失，怎么说熬了一年也得拿个年终奖再走呀！现在这个原因已经基本不在考虑之列。再有，过去人们离职都会考虑周到交接清楚，现在的人说走就走才不管你有人接没，缺少了感情成分。"

小赵摇着头说："您这思想早过时了，现在的人看得长了，眼前的利益当然要考虑，但长远的发展更重要。行业发展的阶段，企业有没有发展前景，自身有没有机会，这已经成了影响大家是否流动的主因。至于一时的收益，已经不能影响他们向更好的方向变化了。再说，不负责任地离开，毕竟只是少数人嘛！"

她说得非常有道理，我不得不表示认同，可还是坚持着："那别的企业就一定会在这个时候要人吗？一般的企业人事部都会考虑年底换工作的人普遍水平不高，因为条件好的都会等过了年前的结算时间才跳。"

孙姐喝着茶反驳我："不是所的企业都这么看的。现在招聘的淡旺季已经不鲜明了，谁说年底就是招聘淡季？年底才是考量一个人全年成绩的时机。拿着完整的当年成绩去谈，对新雇主多有吸引力呀！价码也可以比之半年或年初时要高一点。再说，取得成绩转到新公司，人家也会认为你放弃利益选择他们，是一种认同呀。"我这回不得不承认自己彻底被说服了。

"不过，年底跳槽的人普遍处于两极，一种是做得太出色的，一种是做得太差的。这就考验招聘者的眼力和能力了。因为现在的考查比较难进行，特别是跨区域的人才流动，更是难查历史状况。还有，要看他们是不是符合企业需要的人才，不能因为是人才而忽略了企业的实际情况。”小赵边思考边说。

眼看中饭时间要结束了，电话铃突然响起来，我连忙接听：“姐，我都在我们公司干了十多年了，可一直是在基层。我们公司就是不给我机会，要不你帮我换个地方吧。”得，年底跳槽跳到我家里来了。

高水平的跳，跳出大不同

李佳林在酒店当前台时，谁都认为他会成为大堂经理的接班人。因为他不仅人长得帅气，说话也特别招领导待见，同事更是有一个算一个地愿意和他聊天。你说这不就是标准的领导相嘛。

可让人想不到的是，在他苦熬了三年之后，机会眼看就到手了，他却出人意料地提出了辞职。要问为什么，那就找我好了。因为我是他的死党，从进店开始就是，从来没叛变过。

佳林职高毕业，学的是酒店管理专业。毕业那年正赶上我们酒店招人，什么也没想就进了这家京城当时最有名的五星级大酒店。他妈妈说这饭碗不赖，国有的、豪华的、体面的，还管穿管吃。虽说是服务业，可站在奢华的大堂里给人家办入住手续，也不算伺候人。

工作两年的时候，我们几个不安分的家伙开始琢磨着换个地方。一方面因为酒店工作时间不好，倒来倒去实在折腾人；另一方面就是我们认为这工作是青春饭，总不能三十岁了还当服务生吧？酒店就那么几个老总，谁保证能轮到自己呀。将来孩子一问：

“爸(妈)您是干什么的？”四五十岁的咱回答：“老服务生。”多丢人呀！

可佳林没理我们，谁走他都欢送，可他自己就是不动地儿。我忍不住鼓动他：“你长得人模狗样儿的站这儿干吗？你看那些来这儿享受的大小老板，哪个有你帅？哪个有你机灵？他们凭什么让咱们伺候呀？你换个地方就不一样了。你外语好人又帅，找个好地方不难。”

佳林用他的大长手指头弹着我脑门说：“要走你走吧。我先把大专文凭拿下来，然后再在这里和老外多聊聊，要不说的英语老像伦敦郊区种西兰花的。你想呀，走哪里不得有真本事呀？没准备就瞎跑，说不定连这口饭都没的吃了。我也没打算站一辈子前台，可这里锻炼人呀。你看一天说多少话接触多少人？又练口语又练人际交往。我不走。”

这家伙死脑筋，我是懒得理他了，于是自己一个人跳到了一家大公司。不过，是在大公司当营业员。去了才知道是不站前台了，改站柜台了。

佳林不当大堂经理要辞职的事，我最清楚。他那阵儿通过前台工作认识了一位跨国公司的驻华老总，人家因为佳林态度好英语棒，所以每次来京开会都找他聊几句，聊多了也就熟络了。一天那老总问佳林，是不是愿意转行。佳林笑笑说，自己资历浅也没做过别的，转也不知道转到哪里去。

那老总啥也没说走了，第二天给佳林带了张表。佳林一看满纸英文，内容大概就是一张聘用意向书。佳林又惊又喜，给我打电话让我帮忙打听一下这公司。我一听，天呀，是个知名的企业。

原来，那老总通过接触，发现佳林人品好服务意识强，还能说一口流利的英语。特别是佳林的细心和质朴，让人家相中了他。被这么好的一家公司录用，要换我早美得交辞职报告去啦，可佳林却让我调研一下那家公司。

这名牌企业还用调研？别人都削尖脑袋往里钻呢。这佳林真是麻烦，小心过度。可佳林说，调研不是不放心人家，是不放心自己。提前了解一下企业，这样过去了就有准备，可以尽快适应。再有，自己对那行业不了解，一旦加入就存在是否能够快速融入、平台是否容得自己逐步成长的问题，这些都直接影响到这一跳的效果。最后他说，自己过去只是做个小小的客户服务部接待员，全面了解企业的机会不多，趁没去多问问，以免去了什么都不清楚。

就这样，放下经理不当，佳林去了那家公司当了个客服接待。不过，这也够让人羡慕的了，毕竟是家吓死人的大企业。佳林在那里工作了九年，从接待员干到了华北区总经理。这期间他最不顺利的时候，是看中他的老总退休，换上来的新老总对他不认可时。几次提升的机会，都被新老总喜欢的人顶了去。

我作为佳林的死党，那阵子真是肺都气炸了，说什么也要让他辞职换地方。可这佳林，就跟吃了秤砣一样，说什么也不听我的。其实，就在他最倒霉的时候，一家国内的五百强企业向他伸出了橄榄枝，猎头价出得我都眼珠滴血。可佳林始终不为所动，这跳槽都普及到一线员工了，他却还是那么倔，认死理儿。

你别说，他还有他的理儿。说是目前在这个公司还没学习完，许多环节因为跨得远还没弄清楚流程，基础不扎实就跳说不定跳砸了。再有就是，那个五百强企业的管理风格不适合自己，别看这个平台上自己表现出色，那是基于这里给予的条件。要是换到那一家，适应周期长不说，人家花高价要回报，你不能迅速见成效，人家就可以迅速降能耗。反正，他永远有理，我说不过他。

就这样，九年时间不知不觉间就出溜过去了，已经稳坐总经理的大班台时，他居然才想起跳槽。不过，这回人家的跳我已经参与不了意见了，因为太高了，高到我够不着，也发表不了意见。

佳林三跳，跳到最后我连人家脚后跟都摸不着了。我只能半开玩笑地跟他讲："你是天上，我是人间，咱不在一个平面儿上。可你让我明白了一点，这跳来跳去是有必要的，但跳本身并不是必要的。关键是怎么跳，什么时候跳，为什么跳，有没有跳的条件。这几个问题我没你弄得明白，所以我跳了八跳，现在还在地上呢！"

佳林用他的大手指头点着我的脑门："你呀，有总结的工夫多思考点正事儿。要是你早明白，你也一样跳高高的啦！”

我无语。

的确，光想跳，光琢磨着要越跳越好，却没有为跳做好任何准备，没为跳认真思考过自身条件。这想与不想的跳，差距咋就这么大呢？

在频繁跳槽中迷失

刘亚军，男，二十五岁，2007 年毕业于某大学法律系，未婚。他在某律师事务所担任律师助理五个月，在某银行做信用卡电话销售七个月，在某物业公司做保安主管六个月。

2008 年冬天，一份简历摆在我面前。这是个惯跳槽，毕业一年多走过三家企业的人。面前，中等个子的男生，眼睛直直地看着我的台历，手里拿着一份装帧精美的个人简历，里面有补充内容。我看到的是网上他的标准版简历，他说他手里的这份更详细。

他有着非常普通的外形和不错的学校表现，当过班长做过团干部，还获得过许多好评。谈话当中我听出来了，在学校期间他是非常受欢迎的一位活跃分子，足球队里做过中锋，话剧团里演过男一号，这些都是最受同学追捧的角色。

说起学校的生活，他口若悬河滔滔不绝。从他的眼神中我看到了一个自信、有朝气、有组织能力的学生干部。

当我垂下眼帘看简历，问起他工作以后的经历时，他的声音明显不那么自信了，还多了些无奈与迷茫。

离校后他算是比较顺利的，在一家中型的律师事务所里当律师助理。所谓的律师助理，就是给大家打打下手，写写送送抄抄跑跑的，人家律师不做的全是你做，人家律师不忙的全是你忙。

我问他，那里专业对口收入也说得过去，为什么不坚持做下去呢？他摇摇头，说是拿不下司法考试，再干下去也是个办事员小跟班儿。我看他一脸沮丧就换了个话题，要他讲讲为什么学法律。他只用一句话就结束了这个内容，那就是：我爸爸让我学的，志愿全是我爸爸填的，我没有发言权。

我只好问他："那你想做什么呢？"他抬起脸用手摸了一下下巴："从律所出来，开始我想做销售，因为我口才好社交能力强。"我点点头。"在卡部时，我特别努力，人家打五十个电话我打一百个，人家下班就回家我加班到十点。真的，我做得非常出色，不到三个月我就比老销售成绩都好了。"

他开始兴奋起来，我也被感染了，向前坐直身子望着他。可是，说到这里他顿了一下，然后目光又暗淡下来："我真的是非常努力，可是机会总是和我过不去。做到五个月时，部门主管走了，领导说从我们中间选一个出来当主管。您想，都是一批来的，论成绩我是最佳人选，论能力我也不输任何人。可是，您想不到的，他们却用了一个比我差好多的。我知道，他是凭关系上去的，别人告诉我他有亲戚跟行里领导是朋友。这太黑暗了！我不能接受。"

我轻轻地说："你辞职了？"他长叹一声点了点头，然后加重语气说："我就不信没有一个公平的工作环境，我有能力就一定能成功！"看我没有呼应，他声音低了下去："后来的物业公司不适合我，做保安主管天天就是到处转，看谁偷懒了，看哪里可能有问题了。我觉得，我就是适合做销售，我还是想干这个。"

我看着他的脸，很年轻很平和，只是眼睛里有许多的跳跃因子一闪一闪的。我问他："你毕业多久了？去过的几家单位你认为哪个最好？哪个比较适合你？"

他没有想就回答："都有好的地方也都有问题，只是都不适合我。"我按住桌面问："那你觉得什么样的企业适合你？"他这回笑了："一个发展型的企业，一个好企业，一个愿意给新人机会的企业吧。我想，一个需要人、肯用人的企业就适合我。我是新人，对企业不敢提要求，可也希望能有机会。"

"那你想过没有，一个工作了一年多一点的人，他的简历上有过三次工作经历，每一次都不满一年，这会给选择你的企业招聘人员留下怎样的初始感觉呢？"这回我盯住了他的眼睛。

"这，这我还真没想过。"他有点坐不稳了。

"你应该想想，你现在说喜欢做销售，但做销售就是要在不断的挫败感中成长的。你在以前的企业中，并没有遇到什么特别巨大的挫折，每次都理由牵强地离开。你不觉得这样做你没给企业机会，更没给自己机会吗？”

他愣了片刻，然后低下头说：“最近一次离开之后，我是觉得有问题了，因为再应聘时，简历发过去大多没有回音。我以为是自己运气不好，或者是最近用人需求小了，可又觉得自己不是那么差，为什么就连个面试的机会也没有了呢？原来是自己的简历有问题。”

我摆摆手：“不是简历有问题，是你自己有问题。一个新人进入社会，适应的过程是必须经历的，可你在任何一个地方都没能待够一年时间，全是人家的不好促使你离开的。你想，谁拿到你的简历会考虑用你呢？人家不会想吗，这个人在哪个公司都干不长，一定是个不稳定的人，算了吧！”

他眼睛里开始流露出痛苦的神色，我问他：“你愿意面对这个问题吗？下一步你打算怎么做呢？”他低声回答：“不知道，真不知道。没有机会的话，我想改变也没用啊！”我微笑一下：“机会？你得到了会珍惜吗？会不会又一个不满意就跳呢？会不会提拔了你不认可的人你就离开呢？”他迅速地摇着头说：“不会了，真的不会了。”

“你回去想清楚，一周内人事助理会给你打电话，到那时你要是认为自己还是可以改变的，那你就告诉她。”他走出门去，我不知道他会不会迎接挑战，但我希望他会选择接受挑战。因为，在职场当中，他已经走入了迷茫期，在一次又一次的跳槽中，他迷失了自己。

入职九个月后，刘亚军离职了。原因是公司调整部门，他被合并到另一个业务体里。这让他强烈感觉自己本来可能是主管的接班人，现在这一调他又要从基层奋斗，又要重新与新领导磨合，这样的不平衡让他做不通自己的思想工作。而我在想，再这样跳下去，他的将来在哪里呢？

以退为进，坚持就是胜利

赵炎的工作经历比较有意思，中专毕业那年进了家中档饭店做客房服务，三年的时间他做到了领班。就在他快晋升客房部主管的时候，酒店被并购了，名字换了人员也要调整。

调整的动作非常大，新集团对他们提出了三个调整方案。一个是进另一处规模大档次高的酒店，还做客房服务；再有一个是到集团新建的酒店去选择一个新岗位；再有就是原地不动，只是管理干部全要新任命，为的就是改善酒店的管理。

对于赵炎他们几个算不上领导的小头目来说，哪个选择都是要归零的，这样的选择算选择吗？领班级的同事陆续选择了离开。去其他酒店，说不定还能继续当个小领导，在这里一下子回到起点，有一个算一个都觉得面子上过不去。留下的大多选择原地不动，不管怎样还是环境熟悉的好，全是老同事也就不太计较面子了。

赵炎也很纠结，毕竟自己在这里苦干了三年，好容易把职位熬到了第二个台阶，这下又被打回原形，心里自然不好受。作为老同学，听了他的烦恼，我立刻帮他联系了一家不错的酒店，过去还是当客房领班。

可是，赵炎最终没有去我介绍的酒店，而是选择了集团新开的，位于机场附近的一家酒店，干上了保龄球馆的服务员。说是服务员，其实就是给客人换鞋存鞋的。

我问他："即便是留下也应该留在熟悉的地方呀，到这边来给人家换球鞋，你不觉得委屈吗？"赵炎苦笑了一下："委屈，怎么能不委屈呢？可是我想了，留在原地我对酒店的了解还是就客房那一点儿，出了楼道就什么也不知道了。换酒店不也还是这些？再干上几年也还是重新从领班奋斗到主管。而到了这边，我可以了解全新的领域，对酒店的内容有更多的理解，接触的范围也更广一些。"

我又问："你去我介绍的那个酒店虽然还是客房服务，可毕竟直接从领班做起，你会进步得快一些呀！"赵炎真诚地谢了我，可还是表示暂时不离开。他说："你的好意我心领了，但那边我一点儿也不了解，人家都已经很成熟了，而我要重新熟悉重新建立自己的工作地位。而在这边，新酒店全是新人，大家起点一样，机会相对会多一些。反正不就是又回到服务员了吗？没什么大不了的，从头来我还能改掉以前出现的问题呢！"

赵炎留下了，在新酒店里给人家换球鞋。我时常以打便宜球的名义去看他。在新位置上，赵炎干得非常投入，他不光给人家换鞋，还经常教那里还不太善于打球的人击球要领。下班后，他还自己找地方练习，回来后以半专业的水平，指导那些来过新运动瘾的客人。

一年的时间，赵炎做到了主管，比他当初三年迈的步伐省了三分之二的时间。再见赵炎，是他时常给我几张优惠打球的票，或是公司有客户住他给优惠套间时。

十年弹指间，如今的赵炎，已经到他们集团的最新酒店当总经理了。保龄球打得还是那么出色，人依旧那么老成持重。谈起当初退回去做服务员的那段经历，他时常感慨不已。

我们都知道，在前进的道路上有时候我们需要以退为进，只是真正轮到自己退的时候，常常会心态失衡，也就无法在退的时候保持旺盛的热情和斗志。最终，退是退了，却没有了激情与信心，最终退到了回不来的境地。或是退都退不下去，因为心理因素而放弃了。其实，那些不肯选择退的人，离开后还是归零重来，消耗的是个人的时间和精力。这个过程，需要付出比在原地退一步更多的代价，也未必能达到预期的效果。

同事小京应聘到公司时是管理部经理，在任职过程中因为自己以前没有带过大的团队，突然二十多人归自己管了，经验少能力欠缺，不足半年公司领导找她谈话，让她降职到底，一下子退到做咨询顾问。

对于一个二十八岁的要强女人来说，这个打击实在是太大了，小京当天就趴我办公桌上哭得跟泪人儿似的。可是，当她终于可以说话了，没等我劝人家就告诉我："没什么了不起的，不就是还原了吗？谁不是从小兵做起的？我承认自己管理上有不好的地方，员工出了挺多问题。可我真难受，因为我努力了。不过，公司不会看我努力不努力的，人家要的是效果。"

她这东一句西一句的把我搞糊涂了，我问："你什么意思？是明白了，还是气傻了？"小京带着泪朝我笑起来："姐，我是说自己真的管理上不成。本来过来前以为管二十来个人没问题，真管起来才知道不容易。我不怕！下去了再学习，我还能回到现在的位置上。你就等着瞧吧！"

开始我担心小京只是不想被人看扁才这样说的，道理好讲心理关难过。可半年过去了，一年过去了，小京不但没离开，还在咨询顾问的岗位上越干越起劲儿，越干越出色了。

第二年，公司规模扩大了，小京做起了新成立的区域咨询部的主管。这个时候，我们很少见面，可我总能听说关于她的事。有时候是她得了服务明星奖，有时候是她给公司咨询顾问做培训，还有的时候是她获得"年终最佳管理干部"称号。

如今，小京是集团广州分公司的执行副总。这个过程听起来简单，真正经历的时候，是怎样磨炼人，恐怕非旁观者所能体会。

从经理到员工，再从员工到主管，到经理，到副总经理，一个看似辉煌的历程，其实小京承受了常人不能承受的心理压力。也正是因为她最终战胜了自己，才迎来了今天的成功。所以，我们的前进道路不会是一直向前延伸的坦途，有时也需要退回几步，再寻找新路径向前攀登。

迂回前进，目标不变

本田是我以前公司的同事，个子很小人很瘦，但性格开朗人缘很好。作为一个在华工作的日本人，他会讲一口流利的中文，还能如数家珍地给别人讲老北京故事。

作为公司派驻北京的办事机构副课长，他工作起来像不知道累的机器。其勤奋程度和敬业精神，让我们大家感佩不已。特别是他回家结婚那次，我们都以为他会度完蜜月再回来的，可周末婚礼结束，周四我们就在公司见到了他，真让我们大家惊讶于他的爱岗敬业。

就是这么一个热爱工作的小个子日本人，在2008年经济危机的时候，因为公司撤销了在北京的机构，也不得不面临要么回去待安置，要么失业的窘境。

本田的太太是位恬静温柔的日本女人，丈夫的难处她非常体谅，但从不多嘴。在面临抉择的时候，她做了一桌美味的日本菜，请我们这些老同事过去陪本田聊天。

大家七嘴八舌地帮助出主意。有人说干脆回去得了，毕竟那里是家乡，回去还有父母兄弟可以依靠。可本田说在他们那里，没有谁可以依靠，大家都是成年人了，要靠只能靠自己。

也有人说那就留下吧。在这边待了七八年了，朋友多门路多，找个事做，养活家小还是没问题的。可本田留下问题太多，他的保险他的房子他的一切都在日本。还有，那时经济形势不好，许多在外面的中国人都往回跑，一个日本人在中国能有什么好机会呢？

就在大家都一筹莫展的时候，本田太太说话了。她告诉我们，公司还有个外派的地方可以去，就是非洲的一个小国，因为地方不好所以有空缺。我们一听集体反对。那种方能去吗？万一哪天再让人给绑票了，或是一颗流弹击中脑袋，这事儿可不是开玩笑的。最终，大家也没讨论出个结果。

一个月后，我们去给本田送行，他最终选择了去那个非洲小国。我问他："你怕不怕？"他笑笑说："没什么，去的是首都，没传说的那么恐怖。"我问："你回日本不好吗？去那么差劲的地方干什么呀？生活还没难到需要用命换钱呢！"

他做个鬼脸道："我们几个现在从这里撤回公司，给公司提出了一个很头痛的问题，那就是回去这么多人怎么安置。而那个国家太小又不稳定，谁也不愿意去，公司很发愁。我仔细想过了，选择去那里，先帮公司解决了一个头痛的问题，又帮公司解决了一个发愁的问题。你看，我是不是非常体谅公司，又在关键时刻帮助了公司呀？"

我不知道他的公司是否知道他这番心思，反正他是要走了，去哪里都是自己的选择，随他吧。

今年春节的时候，本田打电话来，向我问候节日快乐。难得他还记得中国的朋友。我笑着问："你那地方也能打国际长途？有没有枪炮声啊？"他操着已经退步的中文讲："我在巴黎，去年年底过来的。公司认为我在困难的时候做得不坏，今年调到这边来啦。有时间找我玩吧！"

这人呀，有时候转个弯，比直接跑过去还要快呢！

娟子以前在某知名食品公司工作，做了三年多，始终是在初级管理的位子上，没什么进展。就在她困惑于自己的瓶颈该如何突破时，公司决定将总部从北京迁往上海，这边只留一个办事处。对于土生土长的北京孩子娟子来说，老公、不到三岁的孩子都在这里，让她抛家舍业去上海，她实在舍不得。可让她放弃现在的不错工作，她也是万般不情愿。这真有点儿让她娘和孩子掉水里，她选择救谁的感觉。

娟子仔细地斟酌着。留下吧，只能做个办事处的办事员，接收货物结算货款就是全部内容，自己以前的奋斗等于全部白费；如果去上海，她知道那边也要重新定位再次拼搏的，毕竟是换了环境，好处是能保住到手的小权力。

最终，娟子选择了留下，在北京做好办事处的日常工作。

朋友们问她，放弃那边月薪过万的职位，留在这里做个办事员值得吗？家里有老公有婆婆，有什么放不下的？万一这一留再也升不上去了，你将来有的后悔。

娟子平静地讲，自己在这里可以全面了解一个办事处的所有工作内容，这在机构完备的公司总部是做不到的。这样，有一年多孩子就上幼儿园了，自己可以在非常有准备有精力的情况下再好好干起来。退一步也未必是坏事。非要跑到上海去，心思在家人在那儿，说不定还会出什么岔子呢。

这一留就是五年。留守的人除了娟子外百分之百都熬不住。同事换了好几茬儿，娟子不知不觉成了元老，也就自然而然地当了主任。现在的娟子，孩子已经高一，她也在留守五年后，跳槽到北京一家知名食品集团做了采购部总监。这样的大跳，还要感谢她在办事处的全面工作，让她掌握了采购工作全流程。

有时候，迂回前进比直线冲锋更能使人快速达到目标，也可以让人多一种务实的选择机会。

冲动是魔鬼

苏云在公司的时候有几个特别要好的同事，大家一起入公司一起成长，后来又在一个部门里工作。所以，几个人关系好到不分彼此，烟互相抽，饭转圈吃，住也是到谁家都可混一宿，连买房都力争买到一个小区里去。

那年的冬天，公司里传言说是要换销售副总，苏云和兄弟们就开始不安起来。因为现任的老总是他们这伙人中的老大，是哥儿几个里混得最出色，也是能力最高的。如今在公司，他对大家照顾有加，这一换会换成谁呢？还有被这么仗义的哥们儿直接领导的机会吗？

不管他们怎样的担心怎样的不愿意，最终还是要面对现实的。副总换了个从其他公司“猎”来的老男人，别说哥们儿，连认识都不认识。苏云见了第一个反应就是，这人跟咱们不一路，整个就是小老头儿，保证思想僵化缺乏人情味儿。其实，人家才不到四十岁，他们还没和人家真正接触呢。

跟苏云他们要好的副总，正式被派往深圳创建新公司。走之前面色凝重地告诉他们，自己不打算在这家公司多待，管理层这种做法摆明是卸磨杀驴，再待下去也没什么意思了。只是，他担心这些弟兄们受委屈，自己不能再好好照顾他们了。

苏云他们几个兄弟，感觉天都要塌下来了，洒泪摆酒与副总兄弟告别。然后人人都感觉自己已经朝不保夕，人家新将定会换新臣，于是商量着是不是就别等人家炒了，自己主动撤吧。

就在苏云痛苦地考虑是走是留的时候，新副总开始工作了。他先是改革了部门建制，又开始调整提成标准，还引进了一批新人。苏云觉得这天是彻底变了，人家下一步就该收拾咱了。第二天，没和任何人商量，他昂首挺胸地将辞职报告递到了经理室和人事部。

苏云静静地等待着上面的反应，可半天过去了谁也不理他。下午他坐不住了，自己找到人事部和自己比较熟的刘蓓蓓，问她自己的辞职报告到她那儿了吗？蓓蓓使个眼色，两人去了楼道。蓓蓓悄声对苏云讲，这两天苏云他们那帮兄弟有三个交辞职报告的，公司领导挺重视。

苏云一听乐了，我们都走了看你们怎么办，还不得把原来的副总给请回来？正想着，蓓蓓又说话了："你们没事儿吧？人家新老总刚来你们就示威，故意的吧？告诉你，别这样做，公司重视你们没错，可在领导和员工面前，他们还是会选择领导的。特别是这个副总真挺有能耐的，在原来公司做整个北京市场，这两年都是行业第一呢！”

最终，苏云还是没听蓓蓓的，虽然公司领导一再挽留，他硬是换领导就不待，想也不想地走了。可当他走了之后才知道，去了深圳的副总兄弟并没有离开公司，说是没有找到合适的地方。而他们几个追随者，却一个不剩地进入了再就业行列。

工作是一个人必须面对的事情，而且一生中大多数时间都放在了工作上。比起与家人、朋友的相处，要多出很多时间。所以，一个与工作相关的决定，千万不能靠冲动的、非理性的想法做出。

马琴是我最尊敬的一位大姐，我进公司时她就是我的偶像。更幸运的是，我被安排做她的下属。我感觉，在销售上她简直就没有卖不出去的东西，简直就是个销售天才。我对她始终如一地仰视和崇拜，能做她的下属，我感觉特别幸福。

一起工作时并不觉得什么，可有一天她告诉我她要离开公司了，因为找到了一个更好更适合她的平台。我当时就蒙了，感觉自己失去了一个好伙伴、好老师。没听她嘱咐什么，我冲动地说出了我也要走的话。

琴姐当时就阴沉下脸来，半天才气得拍着我的手批评我："你疯了吧？你又不是为我工作，我们不一样的。现在的平台非常适合你，上面没有天花板，身边没有什么竞争对手，公司也重视你。而我进入了平台期，上面的天花板已经压到头上了，自己又找不到突破口，所以我才需要换地方。我告诉你，千万不能犯傻啊！”而当时的我根本听不进去。

第二天，琴姐怕我真的辞职，一早就跑到办公室找我。看我失魂落魄的样子，她语重心长地对我说：“辞职本身没什么，关键是你为什么辞。”我告诉她，我愿意跟着她一起干，那样我还可以多学习一些。现在她走了，我觉得自己没方向了。

琴姐笑着说我傻得不像个成年人，谁工作不是为了生活和自身发展？哪有动不动就弄出个偶像来追着的。再说，她到新公司也不知道能不能做好呢，即便能，也不具备对人的选择权。再有，她希望我在现在的公司好好做，特别是公司目前正是用人的时候，她走了公司一定会起用新人的。她要我明白，机会永远给有准备的人，而不是脑瓜发热的人。

我好像懂了，又好像更糊涂了。为什么她走了我就有机会了？那样多不好呀，就像我踩着别人往上爬一样，感觉是那么不道德。琴姐笑得快直不起腰了，她说：“你好好想想，你做了这么多年销售工作，希望不希望做到部门管理的位置呀？”我当然想了，可我不想离开琴姐，宁愿被她一直领导着。

琴姐见我钻进了牛角尖，板起面孔严厉地对我说：“你这是糊涂！我们的位置不一样，你现在正面临着机会，也许你自己并不知道。但我告诉你，你要是单纯地感情用事，最终会害了你的！

听我的，不要冲动，踏实想想如何做好自己的工作，怎么才能让自己再上一个台阶。听清楚了吗？我不准你乱动，特别是这样不理智地动。”

琴姐走了，我虽然没理解她的意思，可还是听了她的话没辞职。三个月后，公司任命我的直接上级坐了琴姐原来的位置，他空出来的职位由我接任。

我到那时才真正明白琴姐的苦心和教诲。跟随一个好领导固然重要，但在换工作和审视现状上，还需要冷静思考和审时度势。在不同的位置，我们需要的平台不同。如果单纯考虑人情和感情，不是理性思考，而是感性冲动，很可能使自己失去大好的机会，也让真心培养你的人感到歉疚和失望。

以他人为镜

职场内外竞争虽然激烈，但乐趣在于在这中间游走，可以涉猎多层面多侧面的人文社会，对于周围的人与事，可以有广泛和本质的了解。任何一个“战”在职场的人，都期望着成功离自己近些再近些。其实，教导我们的不是导师，而是身边的芸芸众生。

只是，愈是身边的愈是被忽视。有许多小事件，小人物的小经历，常常为人们所忽略。“三人行，必有我师”，观察他们的工作状态，取其精华，去其糟粕，我们就可以在职场上找到成功的捷径。

你想不到是她做的好事

在金融部门的前台工作，燕子爱说自己是财神奶奶。谁要说她是月光族，她准会反击：我天天见钱，当然不在乎开支啦！那开心劲儿，就跟银行是她开的似的。

燕子是个 80 的尾巴，在单位属于小年轻热捧、老同事人见人皱眉的对象。这丫头，整天乐呵呵的，只要不是当班时间，就是部里的女郭德纲，什么时候什么情况都能让她说成相声。就这么个领导不喜欢也不讨厌的女孩，突然有一天遇到了特殊情况。

我们最大的领导忽然派人找她，说是在办公室找她谈话。燕子边爬楼梯边琢磨，自己进入公司两年了，从来都是领导不重视的对象，只有一次客服总监找她谈话，还是因为有个日本客户来办业务，谁也听不懂说不明白。总监一打听，这里有个学日语的，人家才屈尊过来找她，一见面还没喊对她名字。

燕子不安地搓着衣襟进了办公室，只见大领导一脸的正气，目光犀利地盯着自己，当即开始腿颤心慌头发晕。只听领导严肃地蹦出一个字："坐！"燕子更加手心冒汗腿肚转筋了。

坐了片刻大领导转过身来，眼镜片后面的光芒像是能射进人心窝：“小安呀，你有什么事瞒着我呀？”

燕子嗓子眼儿里像卡了二斤年糕，半天没出来声儿。领导更加严肃地说：“你不要怕，做了就做了嘛。”燕子害怕得上牙直撞下牙，眼睛看地小声说：“领导，我没干什么坏事儿呀？就休息的时候拿刘姐开了个玩笑，不过一点儿不过分。我，我就说她的新发型像兵马俑，属于复古野兽派的。您相信我,我真不是恶意的,就是调节一下工作气氛。”

领导严肃的表情再也绷不住了，一口喝了半截儿的水全吐在了地上：“你这个丫头，真是入错行了，应该去搞曲艺。”完了，燕子心里一紧，这回领导算是彻底否定我了。

突然门开了，我们部门里的大小头头儿外带全体员工鱼贯而入，大家全热烈地鼓起掌来：“小安同志，你是我们公司年轻人学习的榜样，爱心帮助葛大姐还不留名，经总部人事部讨论决定，给你特别嘉奖！”燕子狂跳的心转了半天弯儿，才想起葛大姐是谁。

原来，燕子在柜台工作时偶然认识了葛大姐，并且听说她爱人去年得尿毒症住了院，小孩还在上学，本就不宽裕的生活负担更重了。

燕子听罢就留了心，总是惦记着自己能帮大姐点儿什么忙。一次葛大姐来办手续时，一脸愁容地透露说，为了更方便照顾爱人，她想租个离医院近点儿的小房子。燕子脱口而出："大姐，我同学是中介公司的，我让他帮您找吧，肯定比您自己找的便宜。"其实，燕子根本没同学做中介，她趁自己休息的日子去了医院附近，找了好几家中介给找房子。

房子找到了，大姐非常满意。燕子和中介的人约好，手续燕子办，租金燕子出，对葛大姐只说房东知道她困难给免费了。

自那之后，燕子按照合同每季度给房东划钱过去，这一划就是一年。前些日子，葛大姐要退房，找房东一再感谢他不收租金。房东当时就愣了，说自己一直收着钱呢！葛大姐这才知道是有好心人帮助了自己。看了房东提供的划款单，葛大姐才知道是燕子悄悄帮的忙，于是一封表扬信寄到公司了总办。别人都觉得燕子这个小疯丫头能干出这样的事挺新鲜，连燕子爸爸都有点不敢相信。

燕子在表扬会上说："我们这些年轻人大多生活在比较宽松的环境里，我们更希望能有机会帮助别人。我们不光想让自己开心地生活，也希望有机会给别人以快乐。其实，只要多了解我们一点点，就知道我们的理想也很远大，我们的天空也很辽阔。"

员工心情好才能工作好

当年在某酒店管理集团所属的饭店工作时，顶头上司是位金发碧眼的德国人，他的名字现在我们都记不起来了，可外号却一直叫到了今天——熊猫罗。

进入外资酒店，是我第一次与正宗的老外领导打交道。开始的时候特别紧张，对面撞见高鼻蓝眼说洋文的他们，我都不知道往哪儿看，说话也不知道该讲中文还是讲英文，经常是一着急就开始中西合璧地蹦词儿。

熊猫罗倒是很大方，每次远远走来，他都先送上一串亲切爽朗的大笑，宽大的脸上两片藏在胡子里的嘴唇中会跳出“泥号（你好）！”“尺了麻（吃了吗）？”等问候语。

熊猫罗与我以往见过的国内大领导不一样，偌大的酒店里，你不知何时也不会想到何地，他就会忽地冒出来。楼道里你会发现他衣着笔挺的身影，餐厅里你会看到他笑容可掬的样子，大堂里你会听见他寒暄着与来宾并肩而行，电梯上你会撞见他和蔼地问员工：“泥（你）开心麻（吗）？”

最让我感觉与众不同的是，每隔一两周就会在职工食堂见到熊猫罗。他那伟岸的身躯从门口大步流星地冲进来，白胖的脸上挂着两片像高原红样的粉红色，眼睛里保持着永远的亲切笑意，不管遇到谁他都会跟你 Say Hello。

接下来，他必定会认真地看看这位员工的餐盘，问问那位员工吃得怎么样，然后跑去餐台让服务员每样盛一点，大马金刀地坐在员工身边吃起来。在我们中间他格外醒目，因为外籍员工都是吃管理餐的，绝对不会出现在我们这里。

记得有一次熊猫罗又是快步杀进餐厅，走到台前发现有几个菜盆空了，叫服务员随便盛了一点，尝过后发现菜是凉的。我第一次见他严肃得一丝笑意都没有了，那张棱角分明的脸阴得能滴下水来。

只见他让服务员把员工餐厅经理喊来，诚惶诚恐的经理一路小跑地赶到。不等他把躬鞠下去，熊猫罗洪钟般的男中音已经响彻餐厅。语速之快，声音之大，前所未见，我这才知道可爱平和的熊猫罗原来还会发这样的雷霆之怒。同事告诉我，熊猫罗只在处理管理人员失职的时候，才会这样震怒。

渐渐地，我知道了，熊猫罗对于员工的福利、工作环境，还有工作心情格外关注。每月员工生日会，他都会亲自到场祝贺，更会为每个过生日的员工切上一块蛋糕，送到手上，再递过一杯饮料。他常常告诫他的中层经理，员工只有心情愉快、身体健康，才能做好他们的工作，所以管理者的主要工作之一就是关注员工的工作状况工作条件。这是我第一次接触西方管理模式，听我们经理讲这叫人性化管理。我觉得这样的管理简直太棒了，能让基层工作人员的工作紧张度得到适时调整。

熊猫罗在管理上很讲究，对直接下级要严管，对中层管理人员要管严，对员工要轻松愉悦地管。在这样的管理模式下，作为员工就会感受到直接领导给予的压力、高层领导给予的关注和最高领导的体贴关怀。我们的工作条件在熊猫罗的关注下不断提高，大家都认为在这个酒店工作福利好、心情好，虽然压力大些，可一想到良好的收益与环境，就都踏实留下了，极少出现人员大规模流动。

因为集团的工作调整，熊猫罗在我到酒店后的第二年年末离开了。至今，老同事聚会时我们都会真诚地想念他呢！

公私分明

在日企工作的时候，公司的业务主要是货物调配，与全国各地联系是每天的必修课，与大阪的总部方面也是三天一请示五天一汇报。所以，打长途电话就成了工作的重要组成部分。

我去的时候公司刚在北京设立办事处，工作人员里日方和中方比例是 1∶1。总共二十多个人，一个大办公区，加上一个简约漂亮的总经理室，这就是我们的全部办公室环境了。中方人员主要是业务和后勤，我们一批同时来的三十人，经过严格到残忍的培训、试用、考核，最后剩下了包括我在内的十一位。

那时候能在外企工作感觉特别优越，收入高不说还有良好的工作环境，看什么都新鲜，用什么都惊叹，简直是进了豪华办公设备展览会。所以，我们几个都觉得做这份工作就是一种享受，动不动就和别人炫耀一番。

可一个月的新鲜劲儿过后，我们才知道在日企工作不是辛苦，而是极端辛苦。不管什么时候日方人员都跟上满弦似的，似乎他们的辞典里就没收录过“休息”和“放假”这两个词。每个人都像被注射了兴奋剂，早晨比着赶着地早来，晚上舍生忘死地晚走，仿佛上辈子欠了老板的高利贷，这辈子不还上就得下地狱一样。

特别是周末，他们根本不用老总安排，几乎每个人都会奔到公司来，不管是搬东西还是写报告，有活就上有事就干。弄得我们这些中方人员谁周末正常休息了都不好意思，有事没事也要露一小脸，不然好像自己犯了不可饶恕的错误似的。

大家凑到一处就抱怨开了，说是日本人有工作癖，还说他们是一群受虐狂。特别是他们那种不管来了什么事情，只要公司有活挽袖子就上的精神，真让人不能不服气，也真让人吃不消。一些中方同事开始陆续离开，用他们的话说，自己是来打工的，不是来受奴役的，再给多些钱也不干了。

留下的人也不那么认真地工作，特别是几位家在外地的员工，长途电话方便极了，有事没事打个电话回去，问候了爹妈再找找老同学，聊了工作再聊聊生活，变着花样发泄不满。不过，人家有很好的说法，那就是：既然被日本人“奴役”了，就狠狠地花他们的电话费吧！

一天下班时，我和以往一样加班后才挪着疲惫的脚步走向电梯，正好赶上课长坂口也在等电梯。我努力堆起笑容客气地问他：“您出去呀？”坂口摇着手里的电话卡，操着半生不熟的普通话说：“哈，下楼打电话。”我奇怪地问：“您办公室电话坏了？那用别人的打嘛！”坂口笑笑说：“不是，我这个电话是给家里打的，是我的私事。”我当场傻掉了。

一个公司的高级课长给家里打个电话，却要下楼去用自己的长途电话卡打，这太奇怪了。在北京工作了许多年，只知道上班打私人电话不好，其实人人都在打，可真没听说过打私人电话要下班后用自己的钱打的。

看看一脸认真的坂口不像是在开玩笑，这家伙是傻还是怎么的？用公司电话打长途多容易呀，而且根据当时的通讯状况，公司也无法查明你是打给谁的。再说了，天遥地远地在北京工作，家里有急事联系一下也无可厚非嘛！我暗自断定：这人脑子有问题。

第二天我就把头天的故事当成新闻讲给中方课长陈哥听，人家一点儿奇怪的表情都没有，特冷静地回了一句：“这有什么奇怪的，公司的电话是工作用的，自己的事当然要用自己的钱啦！”这个在日本待了五年的家伙，被毒害得不浅呀！我不屑地瞅他一眼，嘴里唠叨着：“至于吗？在公司工作做了多少贡献呀，打个电话回家又怎么了。”

陈哥看着我笑了：“你呀，日本企业里的员工都有这个观念，自己的事情不能用公司的财物办。这是企业文化，也是一种民族精神。你是没和他们共事过，他们在公与私的分别上是非常看重的。”

经过长期的观察我发现，日方的员工真的都是这样的。一通电话一张纸一个文件夹，只要不是公司的事都要自己花钱买了用。虽然因为不喜欢日企的工作风格离开那里已经多年，但有些传统还是在我身上保持着，如有活就不挑不拣，还有就是公私分明。我想，如果我们的企业里也拥有这样的员工，大家也能将公与私分清，那么中国的腾飞应该会更高更快的。

深藏不露的“空降”上司

公司里新来了位业务主任，二十五六岁的样子，圆圆脸大眼睛，最引人注目的是他一笑嘴角会出现两个浅浅酒窝。这个看着嘴边没几根毛的家伙居然能当主任！业务部的人中午饭都不吃了，为此七嘴八舌地开了一个讨论会。

头一个月里，小酒窝四处跑，一会儿到市场部聊上几句，一会儿到人事部扯上几分钟，一会儿转到财务问问制度，一会儿守在管理部门口拉话儿。等到开会时，他就成哑巴了，不管讨论什么都是一副谦虚微笑的面孔，光点头就是不吱声。真要到必须每人发言时，他就一咧嘴，小酒窝好看地跳出来：“嘿嘿，我刚来，还在了解情况和学习，一个月后我再说话吧。呵呵……”

大家私下议论着。有人说：“公司这请的是什么主任，就一老好人嘛！真该把那钱发给我！”

还有人非常不解地说：“是不是哪位领导的亲戚呀？整天转悠着攒大家资料呢吧！”不管大家怎么议论，这小酒窝愣是一个月光转悠不发言。所有的部门他都走了个遍，有关系没关系的人他都聊了一圈儿，这公司里已经没人不知道有他这么一号了。

到了第二个月，大家忽然发现小酒窝改闷头写作了，每天来了不是写就是算。再不就是抓住个人问这问那，直到把人问跑了。部门里有的人开始忍不住了："公司有钱没处扔了？找个闲人也就罢了，还占个管理位置！"有几个脾气大的，私下里找关系近的领导谈话，话题就是这个人不干活瞎转悠，凭什么来了就当主任呀！

到了第二个月的后期，连几位主要领导都快憋不住了，眼看快有重量级人物出面的紧急时刻，小酒窝行动了。

第一步是向大领导申请实施一个促销方案，而且迅速得到认可。在专题研究会上至少有三四位同事看了他的报告后，嘴巴一分钟之内没合上。人家的报告从市场角度分析，从产品方面调研，再从企业内部情况入手，分步骤的三套方案相互补充相互呼应。

最漂亮的是人家还有紧急情况处理预案、困难预期及处理准备。人员也根据特点进行了分岗设置，有地面部队地毯式直销，有空中部队短信轰炸加电话营销，有水上部队发行软文推广。最后，人家连促销期间的绩效分配方式、相关阶段负责人、价格杠杆设置都全部摆在了大家面前。

在一片惊叹声中，也有人说："原来就是个理论家呀！憋了快两个月了，就弄出个报告来。"看来，不练出点真活儿，小酒窝还是没戏。

第三个月里，小酒窝就像听见冲锋号的战士，每天和员工一起跑市场见客户，回来就拉着几位主管小结分析，然后修订方案，还时不时自费与员工一起活动一下。他说这叫劳逸结合张弛有度，光让马儿跑不让马吃草不是好领导。

一个季度的促销结束时，领导为他们部开了一次公司成立以来最隆重的庆功大会。因为促销效果出奇的好，创造了公司开业以来的最高业绩，所以奖励也是足够丰厚的。

所有人都以为小酒窝一定会牛哄哄地演说一番，再藐视地瞥上大家一眼，而到了现场人家竟然只上台说了三句话："感谢员工们的努力，感谢其他部门的支持，感谢所有人的付出。"

等到拿奖励时，业绩第一的上台领了奖，后勤保障优秀的上台领了奖，积极配合部门上台领了奖，最后人家小酒窝上台了，红包轻轻一放，干脆利落地说："我的成绩归功于前期大家给予的帮助。没有第一个月各部门的培训和第二个月里大家的不厌其烦，哪有我们部的今天。所以，我认为最大奖是公司全体人员的，今天大家的晚餐就用我的奖金，请大家笑纳。"

什么叫不服不行？这就是不服不行！小酒窝就是我后来的顶头上司，虽说人家进公司时比我矮半级，但职场定律是能力决定一切。所以，学习人家那种沉得下来，拿得出手，智慧加勇气加乐观再加足够的亲和力，那绝对不是一天两天的功夫。我还在学习中，功夫还不到家，尚需努力！

手机二十四小时开机

参加工作以后，各式各样的培训班、考证班、提高班、专业班上得人都快麻木了。可以说，没有哪个是因为喜欢，百分之百是为了多个操作工具或是为了添块找工作的敲门砖。

2000 年冬天，为了拿到一张新的证书，我又不情不愿地进了课堂。报名时就跟学校说好了，我来上学就是为那张证书。招生办的人讲得也清楚明白，开始上几节，最后考个试就给证。这真是一拍即合各得其所，人家收钱开班，咱是出钱拿证。

开学第一节课当然是要来的，怎么着也得装个样子报个到，然后把听课证和书一拿，就等考试了！学校租的房子绝对“上档次”，一抬头除了看不见星星什么都看见了。桌子基本都倒，椅子基本都少，黑板基本都翘，窗子基本都掉，坐下没三分钟寒风已经灌得本大小姐肚子痛腿麻了。

这时，一位五十来岁的男老师走进来，先是大声清嗓子，接着就为自己来晚了一分多钟道歉。然后，把书往桌上一放就讲开了故事。先说自己当年跟着家人下放到农村，没说多苦，只说山里人多想识字多想学学算数。

不管你听不听，他又讲偶然遇到一位由省里领导陪同参观的外国人，人家叽里呱啦说话可他一句听不懂，心里要多郁闷有多郁闷。接着，就是想方设法对牛（他当时每天要放牛）讲英文，抱着爸爸偷偷带到乡下的英语书学习。最后，他回到北京终于可以对着人说外国话了，结果发现，自己的外国话中国人听不懂外国人听不明白。

在他绘声绘色的讲述中，课堂里躁动的人们开始安静下来。我是抱着听一堂就跑的心态来的，却一直听到了最后一分钟还不舍得走。下课时，我跑到讲台前准备讨个老师的电话号码，同学们一人一句问东问西，我半天也没插上嘴。等到人们都走散了，老师笑着问我："你有什么问题吗？"

我不好意思地解释："今天我没什么问题，只是不知道您方便给我留个电话吗？这样回去看书时有问题就可以及时问您了。"老师大声地清着嗓子道："没问题，给你写在书上。我的手机二十四小时开机，可是晚上十点以后没比天还大的事就别打了，我要睡觉。哈哈。"

自此，我这个一心为证的学生，成了课堂里的忠实听众。许多以前学习中不喜欢或是听不明白的内容，在这位老师风趣幽默的话语中慢慢理解，一个与英语格格不入的人，竟然开始有点喜欢上这拗口的语言。

半年后的一天，老师上过晚课大声清清嗓子说：“同学们，你们下一阶段的课不再是我教了，所以今天是我的最后一次课。不过你们别难过，我的手机二十四小时开机，可是晚上十点以后没比天还大的事就别打了，我要睡觉。哈哈。”

像以往一样，不同的课程内容，老师就是这样换来换去的。以前，从来没觉得有什么不习惯，可这次却体会到老师玩笑中的“难过”。第二周再进教室，不再能听到老师大声清嗓子说笑，下课时没有那句：“我的手机二十四小时开机，可是晚上十点以后没比天还大的事就别打了，我要睡觉。哈哈。”心里突然觉得空落落的。

许多年之后，我有幸也站在了讲台上，对着满教室的人，不知道为什么也会说上一句：“我的手机二十四小时开机，可是晚上十点以后没比天还大的事就别打了，我要睡觉。哈哈。”也许，这句话真的有魔力，听课的学生们会格外专注，课评会出奇的好。

最出色的营业员

多年前的某通讯公司营业厅，公司对于营业人员要求非常高，一要学历，二要专业，三要外貌。虽然应聘者众，但成功进入的总是那么少，竞争非常激烈。

顾明来公司的时候，学历符合要求，可因为专业不对口，外貌又比较显老，虽然录用了，却被安排在办公室做文案。说是文案，其实就是给大家复印、打字、发传真，还要兼着收发、锁门、关窗户，有客人来时还要沏茶送水、收拾桌子。

入职多半年的时候，她私下找到一位营业厅主任，问人家是不是能把她调到营业厅去，因为在那里才能学到东西。主任看她平时工作勤恳，又从不挑挑拣拣，想了又想才决定帮她这个忙。

开会时，主任找到部门老总，说是厅里少个营业员，看看办公室的顾明能调用吗？老总眼睛瞪得跟包子一样，那意思就是：你和我开国际玩笑吧！张嘴就说："你忙糊涂了吧？那姑娘多老气啊，也就二十三四吧？看上去像三十三四的，说话又跟个老妇女一样，你还是省省吧！不就是要人吗，新来的几个大学生你自己挑。"

主任忽然变得很坚持，对老总说："我看上的就是她这个老劲儿,顾客让她办事心里准踏实,怎么看她都不会骗人，都是个实在女人。说不定，她还真成呢！"

虽然这么说，可主任心里也是没底。可毕竟是答应人家了,而且那姑娘学了半天就废在那里,还真让人心有不忍，想到这些也只好坚持要下去。老总见主任坚持，手一挥说："行，反正都是这部门的人，你非得要你去领走，后悔了可不能退啊！"

主任想，大不了就放在那里管库，我也是感觉孩子怪可怜的。谁家培养出个大学生容易啊！长得不好也不赖她，再说也不是吓死人的样子！手续办完，顾明就到厅里上班了，主任自此没再注意她。

顾明到厅里之后，几个跟主任关系好的同事就讨论开了，比较一致的意见就是主任脑袋被门给挤着了，还是连续挤了三下以上。别人都抢着要聪明漂亮的，这位却又找领导又搭人情地要了个又难看又笨的，甚至有人认为这种行为是更年期提前了。主任笑笑没理会，反正人都来了，就看着干吧！

顾明在这样的环境里，工作和心理上的压力有多大，当时没人注意更没人关心。只是觉得她人老实,来了就干活，没废话，还特别能抢苦的累的干，总体还行。

顾明因为刚开始来公司就是坐办公室，所以对产品和销售一窍不通。来厅里工作之初，其他同事都排挤她，她问什么人家也不教，学习起来特别吃力。每天她都在大家离厅之后，一个人拿出机器对着说明书鼓捣，还找到工程部的人问人家怎么简单拆装维护。

事有凑巧，这天有个顾客来投诉，说是新买的机器死活不响了，肯定是质量有问题。几个柜台前的营业员异口同声："您去维修中心吧！"顾客很不高兴，说是自己跑了好远才来的，大热天的又让他再跑那么远去维修中心，这不是折腾人吗！顾明挤到前面去，把机器拿在手里翻过来掉过去地看。

没人注意的时候，她居然给拆开了。小红吓得直叫："哟，你怎么给拆开了，坏了怎么办？"主任的心也悬了起来。只见顾明一声不吭，三下两下把机器又给装上了，用电话一试呼，嘿！它居然"滴滴"叫唤上了。顾客满意地走了。大家都跟看什么新鲜物件似的望着顾明，她淡淡一笑说："这机器没毛病，可能是碰了一下，里面的板子有些松了。"

这回大家可不敢再小视顾明了。这谁都弄不明白的机器，她三下两下就给修好了，谁说人家笨来着？渐渐的，顾明成了厅里的全才，谁有处理不了的事都找她，她也总是憨笑着什么都应承下来。

共事一年后，主任离开了，许久没有再联系过。到了第二年，公司表彰先进员工大会上，她们才有机会再相聚。这次顾明是获得总公司表彰的两名员工之一。

在一个千余人的企业里，获得仅有两个名额的表彰，这可不是件容易的事。更何况，她曾经是大家都不看好，甚至连站柜台的资格都可能拿不到的人呀。

主任好奇又兴奋地找到她，只见她还是那么憨地笑着，嘴一咧就有许多的"括弧"出现在脸上，细长的眼睛更加眯缝起来，实在不像个二十多岁的女生。可她的笑又是那样招人喜欢，让人感觉踏实厚道，透着亲切平和。

围着她的人很多，当年一个厅的小红也在那里。她快人快语地告诉旁边的人，顾明在厅里创造了好几个奇迹。第一个就是个人业绩连续全年十二个月全司第一，坐在营业厅里大家的条件都一样，她凭什么总是第一呢？小红说，她有她的招数，别人都是坐等顾客，可顾明是找到顾客门上去。

比方说哪个顾客来交集团费用，她就告诉人家以后不用麻烦，买机器交费她可以上门。人家见她憨厚老实的样子，就试着打电话让她去收费或是送机器，她还真是随叫随到。这样，她的上门服务就出了名，同样做营业厅，她的业绩当然就比别人高啦。

再有，她还创造了代理商第一的成绩。这就怪了，她又不出外跑业务，怎么就代理商第一了呢？原来，她虽然坐在厅里，可下班后时常在几条通讯街上转，这家问问行情，那家聊聊市场。不久，她就和各家通讯公司混熟了。最终，那些公司的人都成了她的客户，一年下来，她联系成功的代理商，比专职的业务员还多。

顾明没有因为出色就马上被提拔，她始终做着公司最出色的营业员。直到现在，已经三十七岁的她，一个十岁孩子的妈，还在营业厅里继续勤恳工作，只是她现在已经是主任了。

人的成功未必是当什么大官，做什么大老板，顾明在最普通的营业岗位上，一样成就着自己。她突破了别人都不看好的外貌难关，最终赢得了属于自己的成功。

其实，优秀的人并没有统一的形象特征，只有一致的奋斗精神。

这个世界随时欢迎你的努力

公司负责策划的副总来自香港，喜欢别人叫他戴维，可他身上实在找不到老外的那份人高马大。于是，到公司任职不足三个月，就有了后来的常用名——面团儿。

“面团儿”个子不高，顶多一米六五，还有些虚报的嫌疑。但比例匀称，肚子稍显突出。白白嫩嫩的脸看似一团和气，可说起话来嗓门儿大得像敲钟。时尚美眉美娜是“面团儿”的秘书，做事严谨又爱张罗，最大的优点兼缺点就是话特别多。

“面团儿”这位香港领导可是个利落人，一口香港普通话夹杂着一些英文单词，让人听起来要反应好几秒钟才行。偏偏他下达命令布置工作雷厉风行，从来都不喜欢说第二遍。幸亏美娜敏捷勤快、能力过人，又讲得一口流利的英文，从“面团儿”到公司上班，到完全掌握他的风格习惯，她居然仅仅用了两星期。

不过，除了美娜别人都不愿意和“面团儿”多打交道。

因为除了听他说话费劲之外，还得被他好似洪钟的声音弄得耳鼓发麻。所以，大家没事儿都不进他的办公室，更没人去和他聊天了。

时间久了，大家背后都蛮同情美娜的。你常常可以看到时尚得快成了高级品牌代言人的她，一会儿在属于她的小格子里手指翻飞打键盘；一会儿抱着一摞文件蹬着三寸高跟一路狂奔；一会儿举着你在宽阔的办公区另一端也能听见对方声音的电话，不停地点头称是；偶尔还要小心翼翼地端着一杯不加糖的咖啡冲进办公室。美娜就是美娜，适应能力比常人强出无数倍。她会在奔忙的过程中和你说早晨看到的新闻、中午调查的私人档案、晚上酒吧里听来的笑话。

苏阿姨是公司请来搞卫生的，人别提多勤快了。自从她来以后，大家的桌子、椅子、杯子都特别干净，就连桌子腿儿都泛出了亮光。偶尔还会有一两枝不知从哪家捡来的红花绿草插在旧饮料瓶里，端正地放在某位同事的桌上。

苏阿姨的学习精神也比我们足，从到岗当天就开始跟在琳达、美娜几位秘书同志的屁股后面请教各位领导的喜好，以便为他们服务得更加周到细致。有时会问得秘书们都瞪眼，因为她们也不是很清楚老板到底喜欢什么花、什么鱼、什么味道的香。

开始时，和“面团儿”打交道让苏阿姨挺紧张，因为听不大懂他说话，又怕被他大嗓门教训。于是，五十二岁的苏阿姨开始刻苦学习英语。她确信，学好英语就可以听明白领导的意思，也就可以服务到位了。

自此，公司又多了一景。早晨苏阿姨边整理垃圾筐边背着："book、documented、study……"下午擦着玻璃门嘟囔："morning、afternoon、night……"晚上站在门旁边收拾打印纸边叨叨："thank you、good bye。"苏阿姨的执著认真让我们不得不佩服，而且她还时常虚心向各位老师请教，首席讲师就是美娜了，因为她最了解"面团儿"。用苏阿姨的话说就是："您是他的秘书，就知道他咋发音儿，您的音儿比别人准。"在苏阿姨看来，"面团儿"讲的英语就是英国标准音儿。

功夫不负有心人，苏阿姨的努力果然没有白费。几个月后我们惊喜地发现，苏阿姨开始时常和"面团儿"聊上几句了，说得还挺像那么回事儿的。

早晨，苏阿姨会对着比椅子靠背矮半个头的"面团儿"喊："Sir, 您的 coffee 已经 OK 了，我放在您桌上了。"

中午，苏阿姨会端着从餐厅取回来的饭盒，冲着忙个不停的"面团儿"抬抬下巴，轻声提醒："Sir，您的 lunch 来了，快些吃吧，一会儿凉了。"每次她说完，"面团儿"都会报以善意的微笑。说是微笑，那声音也足以让五百平方米内的员工全听见。

一个阴天的下午，"面团儿"请两位客户到小咖啡室谈事，美娜跑来跑去地准备东西，忙得涂满隔离霜的小脸儿都见汗了。

突然，“面团儿”从屋里扯着嗓门叫：“美娜，music！”连喊了三声，美娜去了资料室根本没听见。苏阿姨站门口听了真着急，转着圈儿地四处找美娜，可偏偏没找到人。

苏阿姨一看没办法，又担心“面团儿”发火，就勇敢地决定替美娜办这件事，只见她一溜小跑冲出门去。

不一会儿美娜回到咖啡室，还没落座，就看到苏阿姨小心翼翼地端着托盘推门而入：“等等，等等，别关，烫着呢！先生，您要的牛奶。”

美娜、“面团儿”一脸莫名地你望望我，我望望你。等苏阿姨将三个杯子放下了，“面团儿”用询问的眼神再次看了看苏阿姨。苏阿姨被看得不好意思，拧着粗壮的腰低下头说：“美娜忙，您着急要牛奶，我就替美娜去冲了。”

美娜的脸上换了七八种表情，全都是莫名其妙，“面团儿”也一头雾水不知所云。

门口坐着的小芳揉着因感冒而发红的鼻头，认真地分析了原因：“戴维，您刚才让美娜开背景音乐时用的是英文吧，阿姨就把music听成了milk，我看她冲进茶水间就喊她，可她没听见。”

整个办公室笑成了一锅粥，苏阿姨胖乎乎的脸一下子通红，“面团儿”笑得房顶都快塌下来了。不过，笑过之后他对苏阿姨说：“很好，学英文就是要张口说，及时用。你这样很好。”苏阿姨尴尬的表情被快乐的笑意取代。“面团儿”又转向我们：“你们看，不管多大年龄什么学历，只要用功就可以学会的，大家都要有这种学习精神。美娜,以后你就负责当苏阿姨的英文老师了。”

突然,我们觉得“面团儿”这个成天响的“炸雷”挺好的,这个说不清楚话的香港人蛮可爱的。还有胖乎乎的苏阿姨,也是那么让人喜欢。

面试官奇遇记

审视着别人常常如看到了自己，站在面试官、人事官的角度，看一下什么样的人才是你喜欢用的，什么样的人让你立即想放弃？如此转换角色，你会猛然醒悟，或许你现在的所作所为，正是自己当了面试官、人事官都不喜欢不接受的，更何谈被领导赏识器重呢？

抑或是站在第三方，即使用第三方的角度去看那些你喜欢和不喜欢的同事，你也会发现在职场之上，人的优劣与交朋友无关，与找对象更没关系。也许，你喜欢的人并不胜任他的工作，你讨厌的人正是这个位置的恰当人选。不以个人好恶对待同事、评价同人，这是职场上确立自身地位的前提。

人不可貌相

常在招聘路上走，总办新兵训练营，因此与新人打交道就成了我生活的重要组成部分。“人”字都是一撇一捺，可这人与那人却有天壤之别。经历了无数人的入职、离职、培训、实习、选拔、淘汰、带教、提升、拓展、考核，渐渐地从完成工作到爱上他们，从简单的录取培养，到因人施教、因才定岗，许多故事悄悄留在了工作日志上。

还是2003年的时候，一次公司参加大型招聘会后，至少有一百多人递交了简历。面试的第二天下午，一位相貌堂堂、气质出众的男孩出现在我面前。面试过程非常顺利，他的聪明机智灵活大方，让我决定不用复试就用他了。

接下来的培训果然“证明”了我的眼力——小伙子学什么会什么，最终考核成绩名列前茅。往部门发派遣单的时候，我特别标注了他是个有潜力的学员，希望部门经理重视培养。

一周的实习过去了，我打电话到部门经理那里追踪“售后服务”。人家哈哈笑着说：“你真说对了，这小子特灵气，就是懒！不知道你注意了没有，培训期里他勤快吗？”我一下子被噎住了，只知道他学习能力强，勤快与否还真不知道。虽然相处了两周，可我只是按公司培训流程进行了课程，并没有注意谁勤快谁懒惰。

三天后，小伙子被退回我这里。我问他为什么被退，他回答："那经理太笨，好多想法还没我的好呢，可我说了他不听，还老让我去做市场调查。那活儿都是没脑子的人干的，我妈说老往外跑的活儿没出息！"我心想，要我是你妈，先给你个大耳刮子，可惜我不是。

在教育了他一番之后，人家给我上了五分钟的课——关于不同的人做不同的事。我终于明白了，招聘不光看聪明不聪明，还要看聪明人是不是愿意干事。

2006 年春天，公司招聘 30 名业务人员进行"龙基地"培训。人员到位后在培训中心封闭训练一个月，大家吃在一起学在一起活动在一起。

其中有位小个子男生，人长得实在普通，至少报到三天后还没人记得他名字。前一周的初级专业知识学习，他的成绩离淘汰只有一步。

我们三个专职负责人一商量，大家都觉得应该做个手脚淘汰他。当天下午，我在楼道里看到，几位学员在抽烟，而那小个子却在看地图。我好奇地走过去问他看这个干什么？他睁圆了眼睛看着我说："马上跑市场了，我先了解一下我们组要去的区域。”

晚上解散前，我私自决定：他可以参加市场拓展了。其他两位负责人质问我为什么出尔反尔？我告诉他们：“也许我们错了。”走的时候我拦住小个子：“你考核成绩不好，你知道吗？我可以今天就结束你的培训，但我想看看你下一步的表现，争气还是丢脸你自己想好。”小个子像点头又像低头地走了。

一个月的训练期结束，唯一在实习期要回上千张名片的，正是这小个子。做单独谈话时我问他：“你开始的表现不怎么样啊，是不是没用心？”他脸一红说：“不是，是我觉得自己条件不好，公司的要人条件太高，我怕自己没戏就有些放弃了。”

“那后来怎么又赶上来了呢？”我问。

“我成绩那么差公司还给我机会，再不用功我就是傻子！”

从那天开始，我们成了朋友。

现在他在公司里做了营销副总，虽然眼睛依然那么小，可能力却是行业里数得着的。一次集中带新人，让我懂得了看人不能简单从表面上去观察，要走进他们的内心。有时候我们匆忙淘汰的，可能正是最有成长潜力的。

小艳来公司的时候应聘的是数据专员，小姑娘文静秀气不爱说话，天天和数字打交道，还挺用心的。工作一个月后，我和她做面谈，出乎意料的是，她说她更喜欢做销售工作。

一个不爱说话的人怎么可能干得好销售呢？我没理会。两个月后，小艳提出辞职，原因仅仅是因为没干成销售！

我很惊讶地问她，明明适合做数据为什么非要干销售呢？小艳告诉我，她家里非常困难，弟弟在读大学，父母都有病。所以，她想做销售，多挣些钱补贴家用。

我抱着试试看的心态，给她转到了业务部门。一年过去了，小艳成了公司业务部的新星。

我只知道凭自己的经验看她适合什么，却忘了他们自己有什么愿望和需求！我深深懂得了，有理想、有强烈的需要时，人是可以突破自我的。

培养人这事儿，真不能简单地一看、一考、一带就定了呀！

怪事年年有

我做人事工作也十多年了，不敢说阅人无数吧，也算见多识广，只是怪事年年有，今年格外多。

奇遇一

某先生前几天来面试，四十有二了，大专学历，工作经历不错，相貌堂堂。可简历上写着他已赋闲在家一年有余。问是自己不愿干了，还是人家企业不要他了？他回答得真让我立刻觉得自己缺见少识："我原来的单位不跟我续合同了，我当然就走了。后来的单位给的待遇都不好。我在原来的公司是科长，到了那些企业才给个业务员，我不愿意干。"

哟，脾气不小，不知道能耐是大是小。赶紧再问，人家说一年多不工作了，待得难受，反正要上班，干什么都成。这次当不当头儿不重要了，重要的是有个事做。这叫什么招数？难道此番遇到个全能选手？于是，把目前需要的几个岗位简述一遍，人家思索片刻答曰：“你最后说的那工作我试一个月吧，到时候我要觉得能干就留下，我要不愿意你们就再招。”

上帝啊，真是遇到神人了。

奇遇二

某日，同事的老同学的大爷介绍一女士面试客服专员一职，女士外貌端庄大方，举止高贵文雅。本面试官客气问话：“您觉得做客服专员最重要的是什么？”

女士微笑答道：“我认为，最重要的就是按照公司的服务标准，为客户提供优质的服务。态度要好，还应该礼貌周到，更要有耐心。最重要的是还要做好客户回访。”

嗯，不错，这位女士可以考虑。不等我再问，对方瞪大眼睛问道：“你们公司缺不缺主管呀？”

本官顿时怔住：“什么？主管？是有个空缺，不过是业务部的。”

女士立刻眼睛放光：“没关系，我就是想当主管，部门不重要。工作好多年了，别人大小都是个领导了，我不能还是个兵。您看是不是就安排我过去呀？明天上班吧。”

嘿，她倒真主动，这路神仙俺还是头回遇见。

奇遇三

某应届生招聘会后，约了二十余位同学复试。复试当天春雨飘飘，标准的倒春寒。本面试官顶风冒雨准时到达公司，从九点等到十点，昏昏欲睡时助理怯怯推门道："经理，来了一个人。"本官怒从心头起："你们怎么约的？一个准时的都没有。"助理脸红答曰："他们可能是怕冷。"我的主啊，天冷是不是就不上班啦？

硕果仅存的两位面试完毕，我出门上卫生间时听见其中一位正打电话："这天儿还面试，这单位真够绝的。"对方说啥不详，又听他讲："什么呀。早晨看窗外觉得天儿还行，要知道这么冷我才不出门呢。"

妈呀，这些孩子们都是泥捏的？

不说了，不能再说了。想当年俺们这些老东西找工作时，别说下雨，就是下刀子也会顶个锅去。现如今小孩娇气大人挑剔，这面试官的日子过得多不容易呀！

再就业，年龄不是障碍

再就业这个话题一直与沉重相伴。面对许多年龄比我还大的人，给他们面试时，我总是有些控制不住，先生出同情来。可是，职场不允许感情用事，商场没有年龄优待。

认识老任的过程再普通不过，招聘会上收到简历，翻阅的时候他被择出来，因为岁数太大，又没有适合企业的特长。在复核的时候，我让专员把简历重新放回去。因为他不过四十五岁，男人这年龄正是年富力强的时光。

复试过后，他再次被单提出来，大家意见各半。部分人认为他太大了不适合公司，而包含我在内的人认为，男同志四十多不算大。而且，他还有着多年的工作经验，人到中年的时候更知道珍惜。

最终，我方胜出，老任成了我的同事。入司后他一直在业务一线打拼，所以很少见面。以至于三个月后他写来感谢信，我都对不上他的模样。

看到他笨笨却工整的文字，我才知道他的再就业是这样快乐。与部门经理闲聊，更知道他打拼的过程比他写的难度大许多。

老任下到业务一线时，由于以前在工厂做事和现在的工作差异巨大，不善交流的他到处碰壁。所幸他有股子不屈不挠的精神，不管客户如何拒绝他，他都会再次笑容满面地出现在人家面前。他的经理形容他是个弹簧，不管多么巨大的压力给他，他都能再弹回来，甚至弹得更高，非常适合做业务工作。

那天，老任背着他的大包出现在公司，迎着我就是一片灿烂的笑。我想了一下才反应过来是他。“怎么样？工作还顺利吧？”

“我转正了！请您吃饭。”被一个比自己年长的人用“您”称呼，我严重不适应。

“不必了，你做得好是靠你自己的努力。”我欲离开。

“不。要不是公司给我机会，我怎么会有今天。之前我去过好几家公司应聘，他们不是嫌我岁数大，就是嫌我没什么特长，有些甚至当面对我说让我去应聘交通协管员，说那才适合我。”老任眼里有点泪光，“我来公司应聘，原以为也不会被录用，可公司真的要了我，我不干好对不起敢于用人的公司。”

一年后，老任成了北京公司西区业务骨干。他说自己什么也不想，就想好好做事。改善家庭生活固然重要，更要为公司多做贡献。自他之后，公司对四五十岁的人来应聘，再也不戴有色眼镜了。

另一位令我记住的再就业的人，是陈姐。她五十岁了，女人这个时候是该退休看孙子的年纪，而她不仅没能退休，还在业务一线拼搏着。陈姐来公司时四十六岁，从三十八岁买断工龄出来，她做过导购，干过停车管理员，甚至在传销公司待过半年。

最终，她来到我所在的公司面试。我问她想做什么，她的回答我记忆犹新："能要我就成，我什么都能干。只要给我机会，擦桌子扫地我也能干好。"

她被派到新开的、比较偏远的店里做业务员，我担心她坚持不下来，时常打电话过去和她聊天。而她总会有一车的问题抛给我，然后下次有一半儿会重复着再问。说不烦，我是违心的，可出于对一个坚强女人的钦佩，我还是不厌其烦地回答着。

陈姐的爱人有严重的糖尿病，病退后在家闲着。陈姐要孩子晚，到现在孩子才上初中二年级。没工作的那段日子，她承受着巨大的生活压力。因为老人都已经七八十岁了，不但帮不上什么，还需要他们贴补照顾。为了养家，她真是什么都干了，可不是单位倒掉，就是自己的小生意亏掉。

来到公司，她比任何人都勤奋，连续一年多的时间里，她的经理没见过她休一天。虽然年龄大了学习速度慢，可她用无限的付出弥补了自身的不足。两年后，她作为公司年龄最大的部门经理，完成了自己事业的开拓，也在京郊完成了她的家庭置产第一步。

我随同事去给她暖房，她做了一桌子好吃的招待我们，还不停地拉着我们的手说“谢谢”。其实，她的成绩与我只有录用的关系，真正成就她的，是她的努力和全心投入。

从本质上说，人的能力是无穷大的，这与年龄、过往经验没有完全必然的联系。当我们面临生存的压力，当我们自信未来要靠自己来创造时，我们都可以做出自己也无法相信的成绩。当我们不再有年龄优势时，害怕、担忧都解决不了问题，也不可能指望企业给予任何的优待与特殊照顾，要的就是一股拼搏不息的执著。

辞退你，因为爱你

年末了,对于每个工作中的人来说,都是期待年终红包,考虑如何过个快乐年的时候，我却不得不去进行辞退员工的谈话。

小欣坐在对面的椅子上，尖尖的瓜子脸透着聪明劲儿，只是眸子里的怨气此时正一股股地蹿出来，破坏了整体的美感。

“你知道找你来谈什么吧？”位子朝向南面的窗，有午后阳光微微刺痛我的眼睛。

“知道，可是……”小欣停顿下来。我静静地等，知道她有话要说，我愿意给她机会。

小欣的手不停地扭来扭去，最后像是下定了决心，猛地抬起眼直视着我:“经理，我不是故意不完成工作，我非常努力了，其实那个协议我已经写完了，只是她的态度让我不能接受，所以我才不交给她的。”

我没动声色，我知道我还是有给她一次机会的念头。

我送过去一个毫不回避的直视，话也讲得直截了当："你不是在学校里，这是单位，你面对的是工作，任何个人情绪造成的工作停滞都是非常严重的错误。"

小欣眼睛里有泪水在滚动，但她克制住了。我没有停下来："去年你刚进公司时，我对你说了什么你还记得吗？"

"记得，您说要踏实学习，面对社会和校园的差异要做好充分心理准备。"她记得真的非常清楚。

"记得？可我觉得你没用心记。你入职两个月因为与当时部门同事关系不融洽，完成工作不及时被延期转正，当时我又对你说了什么？"我的声音透出了严厉。

"记得。可是当时我是不适应单位工作，这里和学校里人与人之间的相处有着太大的差异。大家都不包容我们，教什么也不耐心，问多了人家就烦，那我可不就急了嘛。"小欣争辩着。

"好，因为这个理由我当时给了你机会。那么请你告诉我，为什么你总期待别人适应你？总想工作能由你决定进度呢？换了同事还是无法共事呢？"我恢复了平静的口吻，我希望这样的连续问话能让这个小女生明白过来。

小欣的脸上阴沉沉的，像是暴风雨来临前的样子，对于问话的反应是沉默。我并没有因她的沉默而终止话题。

"再有，与同事发生意见不一致的情况并不表明你错了，但发生分歧就以拒绝配合工作为出气口，这就完全违背了一个职业人的基本原则。我们在一个企业里工作，没有任何理由可以因为个人情绪而阻碍工作的正常进行。”举起茶杯，我轻轻地啜了一口已经微凉的茶水。

小欣梗着脖子开口说话：“我知道自己处理问题的方式不好，可是他们对我的态度也有问题。为什么他们对我说话老是命令的口吻？为什么我总是处理一些文字材料，而他们可以去进行客户访问？我和别的部门的人就能相处好。”

说到最后，小欣的泪珠已经挂在泛着红晕的腮边。

我望着这个学习成绩出色，却无法适应社会的小女生，半晌道：“小欣，辞退你的第一个原因是，在任何一个企业任何一个部门都要与人相处，当别人与你不能很好地配合时，可能是他的问题，但当你轮换了几个合作对象都不能与之很好合作时，只能说明你自身有问题。”小欣使劲鼓着小腮帮子，我知道她不服气。

“辞退你的第二个原因是，公司也好部门也好，交办的工作是要在设定的时间内完成的。不论是谁，在没有过硬理由的情况下，不能将工作自行拖延。第三个辞退你的原因是，你的工作表现评分表连续三个月不足60分，不能达到公司对员工的基本要求。请你与小菊进行工作交接，然后去人事部按照公司相关规定办理离职手续吧。”

小欣的眼泪已经把面前的桌沿打湿，我轻轻地将纸巾递过去，小女生哽咽着说：“我其实非常想在公司干下去，去年毕业到现在还有同学没找到事呢，聚会时大家都非常羡慕我，您看还能给我一次机会吗？”

我心里一阵刺痛，其实我是抱着给机会的态度来的，此时，我却只能放弃。企业用人的原则是：恪尽职守，忠诚敬业，团队协作，重在执行。而她少了关键的两样东西，我坚定地摇摇头说：“希望你在将来的工作中能够改变自己，更快地适应。”

小欣的背影在门口消失后五分钟，一位高个子小眼睛男生被漂亮的小前台领进来。哦，又一轮面试开始了。

看到我自己

公司进行内部组织机构改革，百分之七十的中层管理干部进行了岗位调整，我也是被调整队伍中的一员。

服从分配是我的习惯。高高兴兴到新部门报到，下辖主管列队迎接，没有什么夸夸其谈的宣言，只有共同努力工作的期盼。一群朝气蓬勃的年轻人，加进我这个人老心不老的大姐，欢乐工作默契配合是迎接我的最好礼物。

找主管分别谈心，某部主管大小姐说是对公司的调整有意见，不是对我个人，第二天一纸假条就开始了无声的抗议。她抗议公司调整我没意见，可部门一下子没了主管，三个小员工跟得了口令似的齐刷刷地磨洋工。这一道摆得我牙根痒痒又真没脾气。

新到部门，我迷迷糊糊对情况一无所知，只好耐着性子一点点地摸，真跟伸手不见五指的夜里让你上胡同里找根针似的。亏得其他几个部门的同事大力支持，要人给人要物给物，让我迅速抓住要领，没耽误公司整体工作。

回过头来我可就要找那几个捣蛋鬼算账了。分别将三个小家伙叫进办公室，头两个小伙子倒是痛快，交代自己不配合工作是觉得主管是某领导的女友，跟她一起捣蛋必有良好回报。哭笑不得的我，训斥两句打发出门，孩子的稚气让我觉得他们被大人愚弄实在是成年人们太不厚道。

第三个进门的是位漂亮动人的小女生，个子不高，身材匀称，虽然五官总体一般，但凑在一起韵味十足。

一进门对方就火药味十足，像哈利·波特见到了伏地魔。我客气地请她坐下，人家头一扭，双臂抱拢坐下的动静就跟砸夯一般。与她的对话是在问与反问、谈与抗辩的过程中进行的，任由你苦口婆心，她自是我行我素。最后还不忘郑重告诉我：我只服从我的主管，你根本不懂我的工作，我不接受你这天上掉下来的人安排。

第二天早晨，我们再次在我的办公室里见面，我像早晨叮嘱女儿出门一样告诉她开始办理辞退手续。没有力度怎么能管理一个乱成一锅粥的部门？杀一儆百，我也会这一招的。知道她在用力地控制着愤怒和眼泪，我没有特意去看她，实在是不忍心看到一个刚出校门一年的本科生就这样离开一家不错的企业。我清楚地知道自己心里的惋惜定会在双方对视中流露出来。

尽可能慢地填写完相关栏目，将表格递给她时，那张年轻的脸已经雪白，故意高高架起的二郎腿不由自主地抖动着。我是如此期待她能在最后一分钟明白自己的错误，但女孩没有一丝悔改的表情。忽然，我觉得自己好像对着一面镜子一样，那个固执任性的女孩儿不正是十几年前的自己吗？

陈年往事像被打开闸门的洪水般倾泻而下。曾经，我是那么执著地以为做事就是要和自己喜欢的、尊敬的人在一起，要和那些自己以为有能力讲义气的人共事才最过瘾。要是认可了一位领导，不论对方让我做什么，不记对错也要一味盲目遵从。

当我喜欢的领导对调岗不满时，我会放下家人陪着他喝上一整晚的酒，哭得就像自己被欺负了。第二天开始，变着法儿地和顶了他的经理找碴儿，闹得人家没法开展工作。我自以为这是忠于原领导的最直接表现。公司的领导找我谈话，我还振振有词，说什么你们用人无方，现在的领导不能和以前的比。以至于因为自己的盲目报复，严重影响部门工作的开展，被老总叫去狠批一顿，还调离了原来不错的岗位。

离岗时，自己故作潇洒地与大家兴师动众地话别，在一片够仗义的赞许声中，自己有一种当上大姐大的满足。可回到家里，面对与过去差三分之一的薪水，和根本不适合自己的岗位，只能趴在床上哭个昏天黑地。

但教训并没有被年轻的我记取，喜欢被赞为仗义的我，在一次自己部门内的小兄弟出了事之后，找领导求情被拒，毅然向领导示威："你们要是给他那么重的处罚，我就不干了！”领导苦口婆心地劝，说是他的过失太严重，你是主管，不该意气用事，可我的脑袋里装的全是大姐罩小弟的念头，根本不听劝告，甚至觉得领导都是在害人。

最终，我为了仗义离开了喜爱的企业，多年奋斗化为泡影。告别了相处愉快配合默契的战友们，忽然发现无人与我同行。

“你快点儿，不就是辞退吗，有什么了不起的！这破地方我正好不愿意待了！”女孩儿带着颤音的叫喊把我拉回现实中。

望着脸上故作无畏的女孩，想着她未来会遇到怎样的境遇，真想告诉她我为她担心。可我不能说，因她不会相信我，还会更加伤害她。

下午，女孩交接完毕，扬着高傲的头愤然走过我的身边，挑衅地嘀咕着极其难听的咒骂。我丝毫没有感到气愤，因为这不就是当年的那个暴风样的自己吗？如今已经化做温柔季风的我，对着狂躁的她说：“希望你能在我这个年龄之前明白，年轻是本钱，但这个本钱在每一天的流逝中递减。珍重吧！”女孩不屑地给了我一个白眼。她的背影有些僵硬，我期望她这个跟头不要白摔。

“猎人”与“被猎”

我所在的公司由于快速发展，出现了重要岗位空缺，特别是营销管理高级职位。直接招聘的效果不尽如人意，于是，我所在的人力资源部就启动了“2008 超级猎人计划”。

我是招聘负责人，把向行业内优秀企业发动攻势这个难度最大的活儿留给了自己。正好是年终岁末，各公司春节过后会出现一轮跳槽热，我通过调研和关系渠道，确定了两家公司的六位营销高管。

其中 A 公司是由于企业融入新股东，造成现有人员与新加入的管理人员重合，一部分人感觉自己的地位不稳定了。特别是高管层，被新的大股东带来的人员取代的可能非常大。所以，我毫不犹豫地圈定了这个公司。

再有就是 B 公司，该公司负责营销的老总于去年下半年离职了，新换上来的老总不熟悉业务，管理上出现了较大问题。特别是由于下半年业务不好，年终奖远低于大家预期，因此，许多管理人员开始动摇。我将这个公司也圈在进攻的范围内。

就在我四面出击时，传来消息，目标对象同样被三家竞争对手发现，而且已经开始抛出橄榄枝。我一听就急了，这下根本没时间找关系联系那些目标对象，只能冒着被生硬拒绝的风险提前冲锋。

当我拿着写有六个联系电话的纸时，手心都出汗了，因为这六个人没有一个提前接上关系的。我心里想：如果电话打过去被拒绝了多尴尬，如果对方再训斥自己两句该多难堪，如果对方宣扬得业内尽人皆知多不好意思，如果……

内心揪扯着，自己怎么着也是大公司的大领导，要是普通一兵被拒绝了还好，可自己这位置要是被拒绝了多丢面子呀！转念一想，对方都是高管，不至于太没素质，而且，被拒绝了又怎样？当年当业务员时，不是天天被拒绝吗？怎么一当官就脸皮薄得不能碰啦？犹豫的同时，电话号码已经从指尖移到键盘上，对面的人接电话时，我还有种不真实的感觉。

打了六个电话，一个人婉拒，另外五个都同意面谈了。看来，我的猎人目标至少设定得没问题。最让我感兴趣的一位是 A 公司的珍，她毕业后就在现在的公司任职，一做就是八年。凭着连续三年勇夺销售明星，之后两年的区域销售管理使企业业绩翻番，珍赢得了老板的赏识和同事们的尊重，直升到现在的销售总监。看着企业越做越大，珍想，如果一切顺利，她都可以在公司做到退休了。

可是，一切都出乎她的意料，公司被另一家企业并购了，新公司的CEO是新入主的大股东派来的。珍所管理的销售部，上月来了一名对方公司的管理人员，说是配合工作，实际上就是来顶替珍的。大家都替珍委屈，可委屈又能怎样？离开公司能去哪儿？珍心里说不出的茫然。

珍试图和老总沟通，可发现老总忙于应付新局面，根本没时间听她的小心思。工作中与新来的那位先生又总是不合拍，她要开会人家就要外出，她要拜访人家要坐下来了解情况。珍感觉每天的工作不再是开心的事，而是一种说不出的痛苦。

电话里我的声音响起的时候，正是珍最困惑的时候。“你好，是苑总吗？我是Z公司负责人事的彤，我们公司正在引进人才，在这方面想与您沟通一下。”

对方没有立刻拒绝，我继续跟进：“我是通过业内的几位同行推荐，得知您的管理能力非常出色，希望有机会面谈。”我让声音尽可能温和清晰，但又隐含着一种坚定。珍终于说话了：“哦，不好意思，我不是什么知名人士，也暂时没考虑换工作。”

我感觉到对方并不是坚决的拒绝，赶快说：“我知道，即使您暂时不考虑，咱们也可以坐下来聊聊嘛！都是同行，多了解一些不同的企业，对于工作也会有帮助的。而且，我们公司近期要搞一个新的项目，与您的工作非常接近，有兴趣的话，何不一起聊聊市场现状、营销心得呢？”

听筒另一边沉吟良久，最后不知是下定决心还是试探，她说了两个字：好吧。见面地点选在了一家离珍公司较远的咖啡厅。不管怎样设想见面的状况，那个日子还是不紧不慢地到了。

珍出现在我面前时，我内心不由得惊叹：果然非常干练利落，从走路到见面寒暄都透着坚定和果断。

珍轻轻地坐下来，抱着既来之则安之的心态，等待我说话。我从珍的眼神里看到了骄傲与不信任，就迅速调整坐姿，以非常沉稳的语调开始介绍自己。从当年毕业在机关工作，到外企里的打拼过程，最后小结了在 Z 公司的感受。

珍开始重新审视面前的女人，这个貌不惊人的女人，还是有着丰富的人力资源工作经验的，对行业也可谓精通。我从珍转变的眼神里，读到了一丝认同。

珍连着问了几个专业问题，我都对答如流，而且还能说出一些自己的见解。珍慢慢放松下来，即便是今天来结交一个同行业的朋友，也是非常值得的嘛。我与珍的谈话在浓郁的咖啡香味中展开，一个小时后，已经非常投机了。分手时，我已经基本确定，她会答应进一步谈话的。

春天的消息随着渐暖的风鲜活起来，我整理着入职档案。3 月 1 日报到的三名营销经理中，有两名是我的“捕猎”成果。我没有扬扬自得，下一步外埠管理人才补充的工作将会更加艰巨，但我此时非常有信心。

电话响起，里面传来珍的笑声："哎，晚上一起吃饭吧。下周我报到，你却要出差，算你迎接我也行，算我给你饯行也可以！"我同样笑着回答："那就 AA 制吧！"

简历的变迁

给人面试的次数多了，见识的简历也就多了，随着时间的推移，这简历也在与时俱进地发展着。

记得十年前招聘时，我会收到一张张可能是信纸可能是 A4 纸，甚至可能就是一张从本子上撕下来的纸。而且，百分之九十以上的人是认真地手写下自己的姓名、年龄、籍贯、学历、政治面貌、住址、通讯地址、联络方式、学习经历、工作经历、家庭成员等内容，然后仔细地贴上一张邮票，按照招聘地址寄过来。

那时候，每当收到一封或薄或厚的简历，我都仿佛能看到应聘者期待的眼神。所有应聘信的字里行间都流露出应聘者的认真态度。特别是有些应聘者，会在简历后附上一封自荐信，在或许龙飞凤舞、或许工整规矩的字迹里，一位位鲜活的人物就像坐在我面前。我会仔细阅读格式各异、内容不同的来信，认真地挑选出适合初试的人选，然后用心地给他们打电话通知。

而每次面试时，应聘的人一般都会准时到达，晚来或时间冲突一定会打来电话表示歉意。到场的人，首先会完整细致地填写招聘登记表，然后静静地等待秘书喊到他或她的名字。

五年前招聘时，我会收到不是太多的邮寄简历，其中大部分是电脑打印的格式化内容，还有相当大的一部分简历是通过传真或电子邮件发过来的。那时手写简历已经很难见到，我也就不能再感受到那种见字如见人的温馨，只能是对着一张张黑白相间的纸或是闪着亮光的电脑屏幕，读着字迹想不工整都不行的文字，努力判断对方的真实情况。

简历的内容也开始变得真真假假虚虚实实，因为经历难以印证，所以写简历的人胆子也逐渐大了。做过营业员就可以写是市场营销精英，做过前台文员就敢写担任过办公室主任，在某学校培训三个月就可以自信地写上某校某专业优等生。看简历变成了侦破活动，对于应聘的人的真实情况，我们在简历里已经无法准确地判断了，初试的压力顿时变得前所未有的巨大。

而当应聘者来面试时，不按约定时间到场的人越来越多。到达之后填写表格敷衍了事,多半会凑合着填写上一些，剩下的空在那里。因为他认为自己已经发过精彩的简历了，这表填了也没用。

两年前招聘时，我已经收不到邮寄简历了，百分之九十以上的简历是电子邮件，剩下的也是传真件。格式内容开始五花八门，有些简历前言自荐洋洋数千言，内容经历跌宕起伏，学历教育方方面面，能力覆盖全部招聘岗位。还有些简历上还贴上了美女帅哥靓照，真的是男若潘安女赛貂蝉，等到面对面时那才叫人大跌眼镜呢。我只能时刻提醒年轻的招聘专员：千万不能以“照”取人啊！

应聘者到达时间也变得异常有趣，通知四十位到场三十位，迟到的理所应当，不来的自然而然。招聘登记表被随便画上几笔，因为人家有装帧精美、内容丰富、色彩斑斓的简历在口袋里呢！当然更会有一堆一摞的证书增添分量。

最近招聘时，我实现了百分之百无纸化办公。网上的标准格式简历，有些内容我都可以倒背如流。简历的夸张程度更是让人瞠目结舌，参与过一次营销活动就可以写成策划并实施了“××营销活动”；在某知名企业做过两个月兼职，就能描述成在××著名企业担任市场营销工作，获得企业领导好评。从业的时间也会由应聘岗位需要而抻长或缩短。甚至有些人的简历会做成一部让你读上半天的书，捧在手里让我不得不心疼，这一摞纸要花多少钱呀！

而对于面试官而言，现在的简历看不看已经不太重要了。如果问里面哪些内容可以参考，可能就是性别、年龄、籍贯和毕业院校了。就算是这些，没有一双专业的眼睛也可能被蒙蔽，因为学历可以是买的，户籍可以是做的，姓名也可以是自己喜欢才自行更改的。

现在的面试官，必须有双火眼金睛，必须有跨越各种专业的知识，还要有灵活多变的考查力，最后还要有超级防伪功能。简历在变化，人也在变化，只是作为面试官，希望能够越变越好，而不是越变越虚伪。

主考官也有看走眼的时候

担任公司业务管理工作，最重要的莫过于对新人的面试和培养，以及长期不断的人才储备。公司对于业务部门进人一向很大方，只要不超员，部门经理面试通过，基本上人事部就走个形式。

那年三月，从每周整理的应聘简历中筛选了十几个人，安排助手通知他们来面试。

面试当天刚好是个雨天，我想这样的天气能准时来就是好样的，于是边静静地构思着促销方案边等待着。

九点三十分，第一个面试的杰准时到达。在前台接待的引导下进来，杰彬彬有礼地问好，将湿漉漉的雨伞放在门口地下，恭恭敬敬行礼坐正。我心里给他打了三分。简历早已看过，现在看简历已不重要，大家都做得天花乱坠，还是先听他简单自我介绍，再问他曾经的工作给他留下怎样的感受。小伙子有问有答有礼有节，我的心里又给他加上了一分。

最后，当我把未来工作中可能遇到的困难告诉他，并介绍了公司基本情况后，小伙子沉思片刻答道：“您如果给我机会加入公司，我想我会是最快进入状态的。同时，做业务需要执著和敬业，我认为自己具备这两种品质。对于公司情况我在来之前通过网络初步了解了，我希望进入公司，能够得到录用。我已从原单位离职，随时可以到岗工作。”请他离开后，我心里已经给他打了五分。

随着一个又一个面试者的进来出去，一个细高的男孩出现在我面前，他叫峰。文质彬彬的书生模样，拘谨中带着一丝腼腆，从他坐下时碰歪了我桌子后的表情，我断定他没什么经验。自我介绍说得中规中矩，问他个人爱好和对自己性格的定位，他紧张得说错了两次。我心里给他打了二分。

最后，我告诉他需要总体衡量一下，如果可以的话一周内人事部会通知复试，没得到通知就不用等了。他嗫嚅半响才出声：“经理，我知道自己毕业就在那家国营药厂工作,经验少。但您通过简历也能看到我是一个踏实敬业的人。企业不仅需要能说会道的人，也需要忠诚拼搏的人，不管您是否最终录用我，我只想说，给我机会我就能证明自己的。”说完,小伙子脑门上布满汗珠。我心里给他加上二分。

记不清是倒数第几个了，反正那个福建口音浓重的小伙子进来时，我转头轻轻笑了。他是辉。只见他穿着笔挺的西装，打着红色领带，巨大的书包像装了全部家当，坐下之前还鞠了一躬。问答的过程非常顺利，只是许多发音我必须请他重复一遍才能听明白。毕业后两年一直在做地产销售，专业经验绝对是有的。人大方稳重，领悟能力良好，感觉较亲和，具有做销售的基本素质。只是口音问题会有影响，所以我直率地请他好好学习普通话，否则做销售工作是有障碍的。小伙子连连点头称是。我心里给他打四分。

三月的最后一天，三个小伙子报到了，试用期三个月。人事的黄经理请我过去，对我说："我对三位新人的看法是，杰应该是最好的，从学习情况到以前的工作情况，特别是表达能力非常强，所以我认为应该重点培养。峰我觉得你不该用，太羞涩了，不适合做销售，这点我保留。辉还行，就是觉得口音太重了，在电话交流中可能会出现问题，但基本条件不错，应该可培养。"我慢悠悠地回他道："黄经理，对杰我非常看好，辉和你看法一致。我判断和你不一样的就是峰，我觉得他也许不是最聪明最灵的，甚至是三人中最弱的，但他说不定会是最稳定最出成绩的。"

两个人对视十五秒，黄经理神秘地眨眨眼："我觉得这次你看走眼了。"

两个月飞快地流逝着，做销售工作压力沉淀在每一天里，日子更是如飞而逝。杰用三天就融入了新集体，一个月就和大家打成一片，两个月新客户拜访，都评价他嘴甜伶俐。辉从来的第一天就拜访、话访不断，学习专业的两周也是看呀背呀，像回到了高考冲刺，但是和大家说不上三句话。峰学习上问题比较多，问得老业务直躲，连我的助理也找我诉苦说："这家伙真木，问什么都得三遍。”出去拜访把个带教师傅笑弯腰，回来就跟大家学：“这家伙真有意思，见到客户跟见外国元首似的，背产品就像背三字经，人家吓得直犯愣。”要不是我狠狠地训上几句，那师傅不知还要说什么，反正一屋子人全笑翻了。

六月末，该是决定去留的时候了。杰被我的助理请进办公室，我告诉他业绩不能说明一切，但零业绩却可以说明你不符合业务工作要求，仅仅善于说好听话，让大家夸你聪明是不够的，做工作更重要的是努力和勤奋，而你缺乏的正是这两样。小伙子低下头，我知道他不愿意走，我心里也不愿意。三个月来我始终把他当重点培养，付出了多少心血呀。录用一位聪明有能力的人不容易，解聘一位自己看好的人更是需要克服超乎想象的心理障碍。但是，一个将聪明用在投机取巧上的人我是不会留的，企业也绝不需要。

峰和辉被我请来进行转正面谈，两个人表现都非常出色，达到了公司对于业务人员转正的考核标准。

黄经理在面谈前叫我过去说：“我说，我们俩都走眼啦！这杰咱们都认为是最好的，可你看……真不给咱争气呀！”

“是呀，杰绝对具有成为好业务的条件的，但是仅仅有条件不行呀，还需要自身努力，他不努力我们觉得再好也枉然。说真的，这也给我们招聘的人上了一课。”黄经理又是摇头又是点头的。

“不过，峰可是我看准的。你当初坚持认为不宜录用，我说他也许是最能出成绩的才留下的哟！这选择人才可不敢说百分之百，但我成功百分之七十也算是伯乐吧？”黄经理撇撇嘴：“你就非证明我走眼了呗！”

从那之后再招聘面试，他们三个的样子都会出现在我面前，提醒我看人不能主观。因为盲目给一个人定性，可能会让一颗明星从你眼前划过。

职场感悟

行走职场年复一年，经历了太多事遇见了太多人，也就生出了许多的感悟。有顺境当中的自语，有逆境当中的感叹，有自己的喜悦悲伤，有他人的成功失败。

从头回味，让人不得不感慨职场如战场，胜败兴衰不在于时间境况，而在于自己的兵法运用、心态调整。同样的，所在企业好坏，也与自己是否尽职，是否沉得下来，有着密不可分的关系。

多年的媳妇熬成婆

“业务四部分的应届生谁领回去呀？手续快点办，要不都没地方坐了。”十年前的九月，老周从总公司领回两个大男生，嘴里不停讲着那边人的恶劣态度，弄得身后的两个新员工脸通红，好像是他们犯了什么错误。

进公司的第一步毫无疑问就是打杂儿，凡是没人愿意干的事必将落在新人头上，谁让你是新来的呢！所有人好像恨他们一样，用力地、不假思索地使用着。其实，支使他们的人，初入公司时也经历过这一切。只是，如同多年的媳妇熬成婆，现在他们要让新人尝尝滋味，否则这一腔怨气就泄不干净。

新人之一金焱，试用一个月后问过一个问题：什么时候我才能真正融入这个团队？他的领导笑话他读书读傻了：“什么叫融入？你够老了就融入了。”金焱没再问。只是，和他同来的卓杨，在三个月快到时离开了。走时他对金焱说：“你自已熬吧。这样的大企业，不把我熬成我爸那岁数是出不了头的。”

金焱入公司半年，终于和大家打成一片。私下他对我们几个年轻人讲:“加入你们好难呀!”大家七嘴八舌地数落他,谁没难过呀?都是那么熬过来的。如果再想熬上去,你还要掉两层皮呢!

金焱吼着“凭什么”,大家笑着一人给他一巴掌,帮助他再傻一点儿。在庞大的企业里,最不缺的就是人,你不走就得熬,先熬进门,再熬成老人。如果试图熬成个领导,你就必须拿出剥皮抽筋的耐受力来。不愿意?你可以走啊!当然,如果你有个什么特殊背景,也完全可以不必熬。

金焱不信,他说当年考进北邮自己头悬梁锥刺骨都过来了,没有什么可以拦住他。弹指间十年流逝,金焱真的熬下来了,还领导着近二百个兵,带着一位标致的秘书,开着一辆公配的闪亮帕萨特。

再见金焱,刚好一个小伙子站在门口低头挨训呢。“你真以为这是学校哪?考砸可以再来!你要觉得这里屈才,你找老大跟他商量替他去!要没那本事就老老实实按我说的去干活,别整天胡思乱想。”金焱明显有了赘肉的腮帮抖动着,看来真生气了。

小伙子灰溜溜地离开,金焱看到我立刻笑容满面:“你什么时候来的?难得啊!”见我转头看离去的人,他苦笑着说:“是个新来的,什么规矩都不懂,干点事儿动不动就自作主张乱创意!”我不语,当年那个精瘦但思维活跃的他,成天想创新改革的模样还历历在目。

门口的秘书小姐笑容可掬：“您别和个愣小子生气，我给您去星巴克买了杯黑咖啡，消消气儿。”金焱略显浮肿的眼睛流溢着喜悦：“嗯，好。给我老战友沏杯好茶。”

“你说这小年轻怎么那么不开窍儿，你都没混进主流队伍呢，发挥什么想象力呀？先把眼前的小事干好，等混进门了再说别的。我真不明白他们上学都学了什么，一点儿都不灵光。”

看着他开始稀疏的头顶，我再也找不到那个执著且不服输的金焱了，忍不住问：“你还记得刚来公司不久，咱当时的头儿对你说过的话吗？”金焱愣了一下，似乎记忆已经淡到无形。我提醒一下，他的脸微微泛红，看来他没有忘记。

聊了一番当年，金焱送我离开，耳边回响着他的声音：“什么时候我们都成了恶婆婆，开始折磨自己的儿媳妇啦？”我笑着看看那大办公室里数不清的头顶：“是优越感吧。当权力与新生力量的威胁同时存在时，我们就忘记了自己曾经说过，绝不用同样的方式折磨新人，让他们成长得快些，当他们的铺路石。”

从国企、外企到民企

看到朋友转发来的《HP大中华区总裁孙振耀退休感言》一文，心中感触良多。从业多年，自感职业生涯上自己颇能领悟，在机遇与挫折中把握得尚佳。看了孙先生的文章，感到他在总结的时候，许多想法与自己不谋而合。

倒不是努力向有成就的人靠拢以抬高自己，只是强烈地感到共鸣，所以随手写下这篇文字。

我初入职场时，也有许多当今学子们踏入社会的想法，以为外企抑或是500强之类的企业才是最好的机遇。当然，那时没有什么500强，我幸运地进入了国有大企业。多少同学羡慕，多少亲人祝贺，只有我自己在不到一年的时间里就感到了困惑，感到强烈要成长的欲望。

学为何用？人生的方向何在？难道不熬到半老徐娘就不能迈一个台阶？难道不与某领导儿子结婚就难以自保？这就是我的未来吗？

在我懵懂地追求自我的时候，幸运之神轻而易举地把我送过了外资酒店的门槛。虽然这次跳槽让父母、同事都不理解，因为那时外国人的企业并不时髦，还有些洋奴的色彩，而国企才是最佳选择。为了证明自己的选择是正确的，在两只脚跑出若干血泡时，也佯装笑脸硬是不说苦，保持优雅地告诉别人：我挣得比你多。

在那个只有年轻才有未来的地方，我发现只要你过了三十岁，没爬到所谓的安全位置，恐怕不用人家辞退你，你就会自觉主动地滚到一边去。人生中的职业道路再次给我出了个问号，却没有给我答案。

而我自问，在年轻同事学历越来越高，外语水平都是原装进口的时代里，我这个学历羞涩外语蒙事儿的角色能撑多久？虽然我酷爱说老外也是做中国人的生意，可我必须承认洋老板开会时，我真的需要集中五百倍的精力去听懂，然后再回家悄悄理解。

之后我又换了工作，最终还是进入了稳定的国企。但因为走过了其他企业，对于僵化的管理机制无法形成共鸣。

当我不再看中外企的光环与虚荣，当我走出国企的背景，不再依赖大公司的旗帜，我发现天很高很蓝，路很宽很平坦。

三十岁对于女人而言绝对不算年轻了，而在那一年我选择了走进民企。在之前的国企、外企、国企的路径中，我积累了一些经验，但出来我才发现，这些经验更多的是与人斗心眼、挖空心思搞心机的经验。流水线样的企业，钩心斗角的部门，造就的是虚伪与狡猾，真正的锻炼在进入民企这一年才刚刚开始。

在规模小的民企里，我经历了初时不适应的过程。见到熟人都不好意思抬头，回避朋友聚会是怕人家问我在哪里、做什么。在所谓的好企业待久了，一下子难以克服虚荣心。

真正融入企业之后我才发现，自己可以施展的空间很大，老板对人才的渴求很强烈。一番苦干虽然收入并不高，但我向着全能方向迈出了超大的一步。

经历了做小业务的学习阶段，又度过了业务一线的带领期，我成功地转型到了综合管理的岗位。也许，在这里我没有在外企的光鲜，没有在国企的安逸，却获得了全方位的发展机会，还有老板的重用和赏识。同时，小民企也在我和它一起的成长中变成了大民企，曾经怕与人提及的职业，成了耀眼的光环。

在完成了这次真正意义上的转型后，我于三十八岁再次跳槽。大龄女人无学历、无背景、无后台，走出原企业时迎面而来的是无数的邀约，来洽谈工作职位的企业可以排成一支小队伍。

我无意炫耀自己，我相信自己的经历有着幸运的色彩，人生的过程不可复制。我想总结的是，在人生的过程中，努力了也许并不意味着得到，但不努力就一定得不到。

同学聚会，同样是一个学校出来的，学习成绩不相上下，却拥有了不一样的人生经历和现实生活状态。我不是成功的，因为成功的定义被虚化了太多；我也不是过得最好的，因为好的定义太模糊。我只认为自己在努力地过好每一天，用快乐的心态、不懈的追求，来完善着属于我的职业生涯。

而差异的落脚点我仔细琢磨了一番，最重要的两条是：第一，坚持不懈地学习。不管是去学校学习，去培训班学习，还是在实践中的学习，都会使你对事业更积极更有眼光，其结果也会更好些。第二，对职业的选择不停留于表面的浮华。当我们处于起步阶段时，收入、职业声望、企业规模都不必过多考虑，真正要考虑的是自己能做到什么，然后下工夫去做。执著与坚韧的人，最后的结果都会更好。

读一个过来人的退休感言，我收获了更坚定的职业发展信心，也希望那些在职业道路上彷徨徘徊的朋友，能够有时间静下来读一下。相信，在这些文字里，我们可以找到平静，也可以找到向上拼搏的动力与基点。

职业，应该是快乐的经历，不可能不辛苦不折磨，却一定是快乐的。如果，职业是一种负担，或只是赚钱生存的工具，那就不会有最终的成就感。记住，成就感未必是什么可以向人夸耀的所谓成就。

谈谈企业的魂

企业的发展，在不同的阶段一定存在着不同的问题。没有问题的企业不存在，找不出问题的企业是危险的。

但，找到问题并不意味着企业一定能够向好的方向发展，关键是企业的决策者有没有意识到问题的根源是什么，解决问题的决心、勇气是不是足够。

往往，我们的核心层会研究市场，会讨论发展，会为了明天乃至明天的明天而夜以继日宏观微观地分析总结。在遇到行业挫折市场困境时，会想方设法不断谋划，会殚精竭虑地尝试一个又一个方案措施。只是，许多企业在发展中忘记了一样东西，就是企业的精神。

某企业领导常说，只要企业好了大家挣钱了，精神头就好了。也有些老板喜欢说，只要抓住市场把公司做大，人才就会自己往里蹦。还有些老板更是相信，打工的全是为了挣钱，让他们拼命干活再配上足够刺激的提成，大家自然就快马加鞭不知疲倦了。更有得意者说，我的精神就是企业精神，认同者留，不认同者滚！

而我以为，在任何一个社会组织中，最不可缺少的就是精神。这个精神主导着组织的方向，也决定着组织的命运，更掌握着组织的未来。在一个企业里面，一种积极的、包容的、互爱的精神，应该是企业的灵魂。而这个灵魂的方向，是靠大部分人去把握的，特别是高级管理团队要统一认识，要不断完善丰富，要努力提炼升华。

一个具有积极、乐观、坚韧精神的企业核心团队，一定能够带出一支卓越的极具战斗力的队伍，更能在任何市场变化面前不惧不怯不推不退。其实，真正让企业人认同企业的，使他们在任何时期都能够无怨无悔与企业共同战斗共同成长的，往往不是期待中的亿万财富、等候中的期权股票、盼望中的美元英镑、期冀中的豪宅名车。

真正可以与企业一同成长，任何力量都拉不走，任何困难都吓不倒，任何利诱都不动摇，任何挫折都不放弃的人，往往是认同一种来源于企业的精神。

当我们认同一个企业的管理方法，认同企业的发展思路，认同企业的环境氛围，我们就会在任何有利抑或不利、顺境抑或逆境、成功抑或失败的时候，坚定地与企业站在一起，大声说我不放弃。大部分人喜欢看成功人士的传记，记住的是他们如何成功，做了哪些惊天动地的事情。而我们是否看到，所谓的成功不是某一个时期某一个事件，而是一个长久定义的过程。真正的成功人士，都具有独特的人格魅力，让追随者仰慕钦佩。

而一个成功的企业，一定有深厚的文化底蕴。这种凝结着企业发展中各时期精髓的精神产物，是主导一个企业走向成功的基石。而且，在企业深度发展时期，企业的文化与精神起着举足轻重的作用。企业没有文化，企业人就没有精神，企业人没有精神，企业就失了魂，企业失了魂又何谈发展，没有发展就注定没有将来。

走过许多个企业，发展困难时老板会想到制造一种好的文化氛围，而在顺利时就只顾得意，把好的文化积淀出的好的精神抛弃掉。而文化精神的缺失不会立刻产生后果，危机往往在企业走下坡路时爆发。这个时候，大部分企业主又会想起文化精神，再重新捡拾起来，如此循环往复，企业被折腾得没有文化缺少精神，最终一个企业会在一个波峰一个波谷的恶性循环中彻底消亡。

因此，作为一个职业人，在选择企业平台时，不能单纯看它是不是够大，给的待遇是不是够好，给的职位是不是够高。更多的是要看，这个企业的拥有者是不是专心于文化建设，这个企业是不是具有良好的文化氛围，这样才能知道它是不是能够长久发展，你的薪水才能拿得时间够长，职位才能坐得够稳，企业才可能做得够大。

学历用时方知低

如今大学毕业并不让人兴奋，因为择业是毕业证解决不了的一道难题。亲戚家儿子大学毕业，虽不是超级名校，却也是一本双学位。从毕业前八个月亲戚两口子就发动群众，号召大家想方设法帮忙给这个全村最有出息的孩子找个能在北京落户口的工作。

为了不让亲戚失望，我和姐使出了吃奶的劲儿来帮忙。本以为这正规大学的双学位挺值钱的，一圈儿跑下来才知道，孩子找工作最大的障碍是学历太低。

姐的好友是某大型国企负责人事的处长，人家的能力不用说，人家的权力也没问题，只是这简历一发过去人家就皱了眉头。原来，连续三年了，大院校发过来的研究生都还处理不出去呢，小小的本科早就过剩了。处长说了，不是老朋友不帮忙，关键是各类关系多如牛毛，你要是学历够高还好说，可是这本科虽说拿了个双料，可再双也是本呀！人家的面子都过不去，就别提给你使劲了。

亲戚一听急得脸通红，一张嘴就许诺卖了院子给人家10万。可处长更为难了，这不是钱的事，关键是离标准太远不好办。让你进了，剩下的关系里本科十七八个，让人家处长怎么办呀？

再找下去，只要是能解决户口的企业就行。本科就不必提了，那感觉就像本科这学历怪丢人的一样。亲戚听了回信儿说话都带哭腔了，说养个大学生容易吗，家里一年到头牙缝里挤出的钱哗哗地都给了他，结果养了个大学生出来还成丢人的事了。

为了不让人家太失望，我们又全体总动员，找了所有可能帮上忙的关系，总算有几家单位同意试用了。可是，没有一家是所谓的大企业。表姑接电话时已经没了生气，也难怪，本来以为穷文富武，培养个大学生怎么也能变个城里人，现在看来是无望了。

给人家找工作弄得我自己也对招聘上了心，在报上看不说还去了几次招聘会，结果真让我吓一跳。就说这普通的文案类工作吧，起步是本科，但凡上点档次的公司就要硕士了，再就是还得有个外语六级什么的。看着自己的学历和条件，我发现连某些单位的保洁都不够格。您不信？有些企业就是白纸黑字地写着呢，一个业务员要硕士，一个区域经理就得博士，一个老总那更要名校博士加海外经历了。

几天看了下来我就感慨上了，如今这本科是不是真的不值钱了？是不是这硕士博士也就那么回事了？为什么动辄就要高学历？难道高学历就等于高能力了？难道没有高学历就一定没能力？

像贼一样打开自己的简历，我忽然觉得羞愧如春天的蚂蚁，钻得满心都是。要是如今我出去找工作，恐怕连刷碗的地方都找不着了。可是，咱不也在管理岗位上出类拔萃着吗？不也在光荣地为社会主义贡献着力量吗？许多所谓高学历人才不也在咱领导下慢慢成长起来了吗？同样，不也有许多学历不高的人才在咱带领下脱颖而出了吗？

窃以为，是不是人才与学历没有直接关系，真正能够成为人才的，高低学历者都有。但是，如今的企业以追求高学历来证明自己的企业够档次，甚至连一些录入、文案、打扫的职位，都要求高学历人员，这不是求才，是寻求良好的自我感觉吧？

十年一剑不过时

过去在书里看过“十年磨一剑”这句话，当时读来觉得十年磨砺成就一番事业，真的是一个人一生中应该有的气魄。时光匆匆流逝，那份意气风发还在：什么时候我这十年才能磨过去呢？

四年前，一次大龄离职之后，面临着再次选择工作。不管是被动被猎还是主动出击，一次次的好似谈判一样的考验，让人感觉备受折磨的同时，也发现身边年轻人的成长已经是迅速，甚至是飞速的。心里又想起当年的“十年磨一剑”，虽说这句话依然激励着我，却也让我开始新的思考。

当自己不再是青春年华，当时光在额头上划下明显的痕迹，再说出“十年磨一剑”，似乎可以看到剑锋上的血痕。那是“十年”已快过去的记号，那是十年已很奢侈的提醒。

职场上的同伴都是有许多个“十年”可以磨掉的青春少年，行业竞争的对手中多是神采飞扬的热血青年，与他们相比，忽然觉得有必要重新审视“十年一剑”的可行性了。

也就是近十年的时间，我们的剑已经不再容许十年磨砺了，它要在三年五年中迅速锋利起来。以前，大概二十年前，十年是一个必须要走过的初级阶段，你可以犯错了一年还不明白事，你可以学习了三年才成长一截。如果你想提前明白过来，还要受到打击和排挤。而今，年轻的学子们一入职场就悟性超绝，短时间内就深谙职场竞争秘诀，不用一年，只要你勤于学习不怕挫折，你就可以成长为管理者或是某项生意的小老板。

多少少年才俊就好像一夜之间雨催而成，二十出头的精英遍地皆是，三十而立的成功者数不胜数。他们不再需要苦熬十年，再等待十年，他们只要敢于拼搏敢于想象敢于表现，就可以三年一剑五年一剑。市场的发展让人目不暇接，中国的崛起龙腾虎跃，现在再说“十年一剑”，恐怕没有哪个年轻人愿意尝试了。

同人中，多少三十挂零的总经理运筹帷幄；行业里，多少二十过半的青年执掌大局；市场大潮中，多少后起之秀登上企业管理的高位。忽然，感觉到时不我待，对于已经在市场中打拼过好几个十年的人来说，我们更不能等待十年的一剑了。

现在明白这个道理我自以为尚且不晚，只需要在转行的过程中，在接受新事物的过程中，用更多的精力，投入更多的思想。一位同事说过，如果你的追求不变，最好的办法就是主动求变；要想不让自己掉队，最好的办法就是与时俱进。

抬头看去，同事中年轻一代的成长速度惊人，他们以日、以时、以分，甚至是以秒的速度成长着。在这个高速度运转的社会里，“十年一剑”过时了吗?

思考总是能让人找到问题的答案。“十年一剑”不仅没有过时，反而因为时代的发展产生了更深远、更现实的意义。我们不仅要在以时为年中快速成长，更要拿出十年一剑的斗志，十年一剑的勤学苦练，十年一剑的永不停步，才能保证不用十年就剑锋锋利、所向披靡。

十年可以改变一个人、一个社会、一个国家，所以，十年也可以成就一番事业，一种不一样的人生。

沉得下去，才能浮得起来

如今说起打工来，有许多皇帝级的“标杆”到处讲述自己的迷人经历,听来都值得学习,却也感到遥不可及。如果说身边的人，我打从心里钦佩的是郑哥，一位四十出头的不惑男人。

前年，郑哥所在的企业重组，一夜之间两个企业合成了一个。他所在的北京公司顿时冒出了十一个副总，四个书记，三十多个高级经理，二、三级经理那更是铺天盖地了。虽然郑哥能力不错，虽然郑哥人缘很好，虽然郑哥年富力强，虽然郑哥已经熬到了办公室副主任的位置，可减员还是从他开始了。原因就是他这工作谁都能干,而且合同刚好到期,裁起来比较容易,还节省企业成本。

郑哥的再就业工程就从 2008 年 9 月的四十三岁生日之后开始了。没人听到他的一声叹息，他也不曾找我们这些朋友抱怨，只是给大家打电话说，如果有机会帮他想着点儿。可是，市场不好的时候，哪个公司都在等不及地裁人，郑哥是从管理职位下来的，怎么说起点也要在管理岗位上，大家都觉得有心无力。

十月初，郑哥上班了，谁也没想到他这么快就又有工作了。

可郑嫂却使劲叹气，因为郑哥只是在一家不足三十人的民企里，当一名自带车的行政主管。说是主管，其实连头儿带兵就他和他的车，工资只有区区一千五百元，外带不够办事用的三百块油钱，还不管午餐，没有任何补助。

郑哥安慰郑嫂，人的价值不是说出来的，自己四十多了，又不是什么技术人员，更没离开过国企，如今一下子扔进社会里，不从低点干起，那不就真的失业了吗？郑嫂不服气，她觉得郑哥大小也是做过领导的人，现在在个小不点儿私人公司里当跑腿的，丢人不说，收入也不够原来的四分之一呀！这日子往后可怎么过呢？

郑哥倒是坦然，他说他可不想像电影里的一些男人，明明没事儿做了，还穿得齐齐整整装白领。结果，连起码的收入也没有，还要月月交足额家用，等到撑不住再暴露，那才不是个男人呢。自己在小公司里打工光明正大，收入不高却是劳动所得。

郑哥心里还有一层是没跟郑嫂讲的。他离职后思量，自己以前在国企干办公室的工作，积累了丰富的行政人事经验，到了小公司干行政应该非常容易上手，工资低一些老板一定愿意用。

再者，在小企业里，老板都希望你拿小钱办大事，而自己呢，是低起点高标准，本职干好之后，就可以腾出精力多做些别的，老板当然乐意啦！这样自己就有可能尽快改变现状。

果然，郑哥进入公司不到三个月，老板发现他不仅能够漂亮地处理日常行政事务，还帮助公司找到了许多新的招聘渠道。特别是在办公成本的节约上，实施了许多行之有效的办法。在偶然与郑哥谈话之后，老板确认这个人的能力非常强，立刻提升他当了行政人事主管，薪水涨了一千块。

郑嫂脸色好看了些，不过就多这一千块，让郑哥管这么一大摊，还月月搭油钱，郑嫂心里还是不平衡。郑哥依旧那么笑呵呵地劝她，说是能够三个月提拔一回，就是看得起咱，你不给人家带来价值，人家凭什么重用你呢？再说了，都一把年纪了，人家不嫌你老还提升你就是最好的奖励。

转过年，郑嫂这脸上有了笑模样，虽然嘴里一个劲儿地抱怨说他家老郑整天瞎忙不顾家，可心里的美都刻脑门上了。

原来，郑哥春节后正式被老板任命为总经理助理，一方面继续管理行政人事，同时还要配合老板进行客户开发。当然了，这工资也产生了质的飞越，突破了五千元大关，更有管理提成可以拿。要问为什么，让郑哥一讲就简单了，他说自己就是占了“老”的便宜。因为以前工作的缘故，自己积累了一些社会关系，再加上年纪大了，大家都觉得他老成可靠。所以，当他利用工作之余跟老关系联系，告诉他们自己的公司是搞印刷的，质量保证最好，价格保证最优，一下子就联系成了好几家企业。

特别是几家外埠客户的开发，让郑哥所在的公司头一次走出了北京，这可是老板做梦都想却没敢尝试过的。就在郑哥纳闷怎么有别的公司打电话让自己过去谈时，老板先找他了，又是夸又是奖，最后就是提升加涨薪。其实，郑哥心里已经明白，老板是怕自己被挖走。

回家郑哥跟郑嫂报喜时，郑嫂就说了，你别光高兴，看看哪家给得多咱们可以跳槽。郑哥摇摇头，他心里有数，发展不是跳来跳去的事，要稳扎稳打才会好。

喝了郑哥的升职酒，大家明白了一个理儿，这人生的沉浮其实就掌握在自己手里。你是不是沉得下去，也就决定了你是不是浮得起来。

要具有不可或缺的价值

记忆中，好像昨天还是人人羡慕的外企白领、房地产公司高管，一夜之间就变得人人自危了。

曾经的同事四巧，前年春天被某世界强国的大公司猎至麾下，奢华的办公间比我家全面打通再算上阳台还宽敞一些，一张期权单子让我忍不住联想到千万富翁。当然，月薪五位数更是不在话下，还有公司配的一辆九成新银灰别克。

眼看着人家未到中年就混到这份儿上，我基本上立刻处于羡慕得快要嫉妒的程度。为了掩饰自己强烈不服的险恶居心，只好少见为上。去年年尾，一直试图掩藏真实思想的我，被四巧约至小茶馆。害怕被人家小视，特意找出从不舍得穿，放得严重过时的“宝姿”套上，还不忘把秀水买的假LV拎在手里。

见过四巧，心情一下子掉进冰窟窿，好像自己被谁甩了一巴掌。四巧到著名公司不到一年，就得知企业出现了一些情况，但顶级领导信誓旦旦，轻描淡写地说是市场正常波动，公司不存在任何问题，更不会有任何影响，大家只要努力做事，不必担心。

到了九月，公司内部开始进行与企业共渡寒冬的宣传。十月长假之后，海南的风还没从身上飘去，四巧就被通知参加公司紧急会议。董事长大人少有地出现在会上，三号领导凝重地讲了市场严峻形势，二号领导沉痛地进行国内外行业分析，最后，一号领导脸上布满坚毅与悲怆地痛陈心声。听者震撼之余，不得不生出自危之感。

十一月，公司开始有人离开，首先走的就是新来的和薪水高的职能高管。四巧是新近被猎来的，时间当然短，薪水当然高，又不是技术人员，当然不直接为企业带来效益。这个现实唯一能证明的，就是她当然会成为辞退的首选对象。

不知道我的劝说会不会管用，反正我记得自己能插嘴就不停地说："别太难过，你能力强，到哪儿都能出类拔萃。至少公司规范，你拿了补偿和期权，换个地方再来。"四巧苦笑着说："洋大人不是你想的那么地道，补偿基本上能少算就少算，期权当初签的是为企业服务四年才落实的，现在不到两年就离开了，虽然是人家要你离开的。唉！那张纸真的就是张纸了，还是写过字的二次纸。"

回家时风挺大，四巧没开车，因为洋领导谈话的当天，车就被人力资源的同事给收回去了。四巧很伤心，因为谈话那天连办公室都没让她回。东西是保安给送出来的，门在背后关上时，她都没机会和同事面对面地说声再见。

自己的小心眼突然变得豁达起来，对着四巧拍了胸脯：“你先找着，实在没满意的就来我们公司试试。”说完又有点儿不好意思：“哦，我们公司收入不高，期权也没有，你不嫌条件差就考虑一下。”四巧笑了，她说已经谈了几家公司，待遇下来了不止一半，她已经落地了。

分手时，想起了同学邵子，某著名房地产公司市场营销总监。前些日子来电，说是公司老板给大家发了邮件，内容是冬天来了，大家要准备打持久战，要与企业共渡难关。

邵子说，渡难关不可怕，可怕的是不知道哪天人家不要你陪着渡了。当时我还在笑他不相信领导，听了四巧的事，我忽然想找邵子聊聊。我想对他说，在困难时候，稳定才是最重要的，国内企业抗风险能力似乎更高些。而经济不稳定时期，换工作是需要仔细斟酌的，保证安全的筹码，是你对企业有不可或缺的价值。

在足够年轻时，懂得成功的要旨

从走出校门的那一天开始，找一份称心如意的工作，就是每一位寒窗苦读十余载的学子的最大期望。于是，我们开始追求，开始拼搏，开始期望与失望的轮回。

幸运的我在最喜爱的专业里度过了大学时光，走出校门的那一天，所有的憧憬都是那样美好。仿佛是上天格外眷顾，优异的成绩，比同学们小许多的年龄，没毕业就被人人羡慕的国家机关所录用，报销了在当时贵得吓人的学费。这一切似真似幻地发生在我身上时，我有太多的兴奋，太多的骄傲，激动的心已脱离躯壳飞升到了半空里。

但良好的心境并没有保持很久，真正步入社会，遇到的一切绝非坐在课桌前、徜徉在学校里能想象到的。每一次振翅欲飞，总是被现实毫不留情地打压回去。于是，不甘寂寞的心开始蠢动，年轻的自我，张扬的心态，萌动的欲望，一同开始膨胀。

从单纯得几乎白纸一样的教师岗位走上复杂的社会，

每个脚印都盛满艰辛和汗水。不甘认输的女孩，渐渐成长为企业的管理者，人们眼中的事业女人。回首走过的路，除却疲惫、苦涩，更多的是对未来的期冀与展望。

从少年轻狂，到步入中年，人生的每一段经历，在经过时如过眼烟云，在走过时如刀削斧刻。从大大小小近二十家单位漫步而过，才发现真正能成就自己的，是平实的心态和坚忍不拔的意志，而非此处不留人自有留人处的慷慨，也绝非浮萍般掠风浮水的漫不经心。

不论我们怀揣怎样的梦想，实现它唯一的途径就是脚踏实地的努力，坚持不懈的学习，始终如一的追求，克己求实的发挥。当我懂得的时候，我已没有了年轻的资本。坎坷与波折的深厚积淀让我明白：给企业最大限度的奉献和忠诚，给自己最大限度的用心与付出，我们才可能在别人都以为成功遥不可及的时候，触摸到它的边缘。

少年时，我们大把地挥洒自己的青春，我们固执地坚信，在某个地方我们的成功在静静地安睡，等待我们去唤醒。于是，我们的拼搏就缺乏了持续性，在接近成功前的最困难阶段，往往是我们自己先失去了耐心。

年轻，这一般意义上成功的根本要素，在带给我们希望的同时，也给予我们太多的骄傲和自满。在热血沸腾的起点上，我们冲锋在前不甘人后。当身体的极限快被冲破时，我们开始抱怨，开始消沉，开始对一切艰难险阻感到束手无策。在精疲力竭时，我们给自己找到最完美的借口：这个工作不适合我，我付出了那么多却没有回报；我尽力了，可老板没看见；我的思想多么正确，就是领导白痴……

然后故作潇洒地递交一份辞职报告，昂着没什么可骄傲却硬充骄傲的头，大声对别人，其实是对自己说："我走了，这里没有我发展的空间，我要到更能体现我价值的地方去。"

然而，事业的轮盘上没有轻易可以得手的赢家。没有持之以恒的精神，没有坚忍不拔的意志，那么你面前的敌人就永远不可战胜，因这敌人就是你自己。

当狂放的心找到一个相对稳定的平台，我们是否能真正让自己着陆？当艰难与苦闷与我们的意志抗衡时，我们是否能够耐住生命航道上风雨中的孤独寂寞？当阶段性成功来临时，我们是否能冷静地知道未来还有更多的艰辛？就像我，在初入社会时经历了一帆风顺后，再经历种种挫折，内心会承受煎熬，迷茫的时间会很长，承受压力的能力几乎为零。年轻的借口让我从一到零，再从零到一，而在走到"年轻"两个字的边缘时，才猛然惊觉：你还不过是个零！

用大把的青春换取一时的潇洒，是真正的愚蠢，还是笨得无可救药？都不是，是你太聪明，太自以为是。能够在足够年轻时，知道磨炼的重要、坚韧的意义，你就已经领略成功的要旨了。相信自己，也相信这个世界，成功永远只属于有准备的人。

高职位挑战人的全能

老总不在家，副总也不在家，而且指名道姓让我主持家里工作。嘻嘻，得意至极。

以前看着别人当老总，觉得特气派特光鲜，更羡慕老总们呼风唤雨管理企业的气魄，终于有机会大权独揽啦，那心里的感觉真好比孩子当班长，哪怕就一天也美呀！

其实，老板不在家的日子就短短的两天，可是对于我这小人物，两天就够满足好奇心的了。

第一天

早晨：接到两位员工的报告，某合作单位突然拒绝续签协议。经紧急调查，原因是竞争对手大幅度提高了返还佣金的比例。晕，怎么上来就是棘手问题？立刻约谈对方老总，结果人家不买我账，我就派了个销售总监出面。整整半天没拿下，只好向远在他乡的老总告急。结果，老总与对方老板进行了半小时电话会议，顺利解决突发问题。

中午：替副总与某供应单位老总共进午餐。对方热情地款待，真诚地猛灌，但就是坚守价格底线不松口。两个小时的午餐，我是疲于躲酒杯，坚持着不被“迷魂汤”灌晕。等回到公司才发现这饭不知道吃了什么，更不知道吃饱没有。

下午：无数个请示、报告，逐一审阅，分别指示，中间还有数不清的人来找。我就不明白了，这老总一天到晚是怎么应付的。到了傍晚，我才发现太阳早就回家了，我还在那里查看财务报来的当日数据。

第二天

早晨：晨会上八个部门有一半提出了目前急需解决的问题。以前开会咱只管提问，没想过面对问题该怎么办。今天，我算知道摆在老总面前的问题有多让人头疼了。

上午：会后仅剩的一个小时，被业务部经理霸占，对于某区域的拓展强烈要求给予优惠政策。再三声明我只是代管两天，可他坚定地表示，正好利用这个时机让我请示领导批准。谈话持续至下午一点，利用与其共进工作餐的最后时机，让他明白老总在外我不能乱指示的道理。

下午：代表老总参加市里的专项工作会。发言稿是老总走前给我的大纲，自己进行了润色，看了N遍觉得不错。到了会场一看，全是业内的重量级老总，还有市里相关领导，我心里的小鼓就“咚里个咚”地敲得人心慌。待到本人发言，基本上稿子上面的字已经分辨不清了，虽然用的是小三号字。

会后反思，好像没太跑题，也没说错什么，只是语速过快，有点结巴，再加上汗湿衬衫。

总算是日落西山，办公室里我还在处理着各部发来的邮件。回顾两天的工作，怎么想怎么觉得当老总没什么过瘾的。以前以为当老总不过是一杯香茶一张报纸，数落完张三指挥着李四；闲来开开大会，闷了开个小会；天天吃着大餐，晚上还能玩玩格调。真轮到自己当家才明白，这老总可不是长个脑袋就能当的，真够累的。

老总回来了，我又回到自己的岗位，见到他的第一句话是：真是太想您了。别以为我这是溜须拍马，今天说的可绝对真心实意。

我们做事常常是看着人家容易，总觉得自己的能耐没被用充分，那些高职位没用上自己，是企业走眼了。殊不知，任何工作做起来都是一项挑战，越是看似轻松容易的高职位，越挑战人的处理能力、应变能力和全面性。没有那金刚钻，还真是揽不得这瓷器活呀！